Histoire
des Reines de France

MARGUERITE DE PROVENCE

Épouse de saint Louis

DU MÊME AUTEUR

La Puttana, éditions Stock, 1983.
Le Scorpion de Ferrare, éditions Stock, 1984.
Le Paradisio, éditions Stock, 1985.
Un carré de reines, ou les quatre sœurs de Provence, éditions Mercure de France, 1986.
Renée de France, éditions Perrin, 1990.
Machiavel, fonctionnaire florentin, éditions Perrin, 1993.
Jeanne de Naples et le grand schisme d'Occident, éditions Le Sémaphore, 2001.
La Comtesse du Barry, éditions Pygmalion, 2001.
Isabelle d'Este, éditions Pygmalion, 2002.
Les Dames de Chenonceau, éditions Pygmalion, 2003.
Les Femmes de François Ier, éditions Pygmalion, 2004.

CHRISTIANE GIL

Histoire
des Reines de France

MARGUERITE DE PROVENCE

Épouse de saint Louis

Pygmalion

DANS LA MÊME COLLECTION

Clotilde par Anne Bernet
Aliénor d'Aquitaine par Philippe Delorme
Blanche de Castille par Philippe Delorme
Isabeau de Bavière par Philippe Delorme
Claude de France par Henri Pigaillem
Marie Stuart par René Guerdan
Marie de Médicis par Philippe Delorme
Anne d'Autriche par Philippe Delorme
Marie-Antoinette par Philippe Delorme

Sur simple demande adressée à
Pygmalion, 87 quai Panhard et Levassor, 75647 Paris Cedex 13,
vous recevrez gratuitement notre catalogue
qui vous tiendra au courant de nos dernières publications.

ISBN 2-7564-0000-9

PREMIÈRE PARTIE :

1234-1245

I

MARGUERITE DE PROVENCE, REINE DE FRANCE

Marguerite de Provence

Le roi de France Louis
Qui en tout avait obéi
Au vouloir de sa mère Blanche
Qui le tenait pour son très proche
Et tant l'aimait que nulle mère
Pouvait aimer ni fils ni frère
Voulut que ses barons mandassent
Gentille femme, et le mariassent,
Si que sa mère le louât [1]
Et elle a dit qu'on lui mandât
La fille au comte de Provence
Car elle était de telle naissance
Qu'il n'était femme plus gentille
*Entre deux mers – ce disent cil (*ceux)
Qui la connaissent – ni plus belle
Ni plus courtoise demoiselle.

1. Mariage tel que sa mère l'agréât.

De noble naissance, Marguerite de Provence l'est assurément : fille du comte de Provence et de Forcalquier, Raimond Bérenger V, petit-fils du grand roi Alphonse Ier d'Aragon et apparenté à toutes les cours d'Europe et de Castille. Sa mère, Béatrix, « la Lombarde », appartient à la puissante Maison de Savoie qui tient les marches des Alpes.

Belle ? Faute de portrait, il faut s'en remettre à sa réputation et plus encore à l'admiration qui l'accueillit à la cour de France. Brune ou blonde, frêle ou forte, on ne sait, mais sûrement mûrie au soleil du Midi qui rend les filles précoces. Elle n'est en effet qu'une enfant de 12 ou 13 ans lorsqu'on envisage son union. On fixe au jugé la date de sa naissance, aucune célébration ne l'ayant marquée à la cour de Provence, sans doute déçue que ce premier enfant vivant (Béatrix aurait préalablement mis au monde des jumeaux mort-nés) ne fût un héritier. Le couple comtal, par ailleurs si heureux, est destiné à n'avoir que des filles, Éléonore, qui suivit de près Marguerite, Sanche et la dernière, Béatrice, née juste avant le mariage de l'aînée en 1234.

« *Courtoise demoiselle* », dit le poète de la fiancée du roi de France. D'autres la déclareront « bien apprise », c'est-à-dire cultivée. Marguerite parle le français, lit et écrit le latin sans que l'on sache qui dans cette cour, alors l'une des plus raffinées d'Europe, a été chargé de son instruction. En ce temps-là, l'enfant n'est pas tenue en dehors des préoccupations politiques et l'on dit de Marguerite qu'elle est « sage et bien endoctrinée ». Vive, curieuse, intelligente, elle n'a eu qu'à écouter et observer pour s'initier aux jeux diplomatiques, elle qui sera peut-être un jour, faute de frère, héritière des comtés, et qui s'apprête aujourd'hui à devenir reine de France.

En dépit du troubadour, ce n'est pas Blanche de Castille qui, en 1233, sollicite Marguerite pour son fils le roi de France qu'à 19 ans il est grand temps de marier, et ce ne sont sûrement pas les qualités personnelles de la jeune personne qui ont attiré l'attention sur elle. Dans la grave affaire d'un mariage royal, dont dépendent les destinées de la couronne et du royaume, les qualités physiques et intellectuelles tiennent peu de place dans le choix de la fiancée, même si on les apprécie ensuite à leur juste valeur.

Le mariage de Marguerite de Provence et du jeune roi de France est le fruit d'une stratégie politique conçue par le pape Grégoire IX, suivie avec beaucoup d'hésitation par le comte Raimond Bérenger V, pressé par son conseiller Romée de Villeneuve, son légendaire mentor [1], et accepté par la France du bout des lèvres.

Le dessous des cartes

En 1229, Blanche de Castille, qui gouverne la France depuis la mort de Louis VIII, a réussi à mettre fin à l'interminable et sanglante guerre albigeoise, devenue plus politique que religieuse, en imposant au comte de Toulouse, Raymond VII, le léonin traité de Meaux [2]. Depuis lors Raymond VII plante ses griffes en Provence pour y trouver des compensations, soutenu par l'empereur Frédéric de Hohenstaufen. Ce dernier, contrairement à ses prédécesseurs, peu intéressés par cette lointaine terre d'Empire, entend exercer une influence sur la Provence proche de son royaume de Sicile.

Au printemps 1232, le comte de Toulouse, entré en armes, dévaste le pays autour de Tarascon et d'Arles. Raimond Bérenger contient l'entreprise mais, prévoyant l'avenir toujours menacé, sollicite l'arbitrage du roi et du pape.

Grégoire IX est tout acquis à la Provence. Quoique n'ayant pas participé en 1226 à la croisade victorieuse des Français en

---

1. Cf. Annexes.

2. Ce traité réduisait le comté de Toulouse à une peau de chagrin au profit de Louis IX. De plus, il imposait l'union de la fille unique du comte de Toulouse à un frère du roi, Alphonse de Poitiers. Héritière du comté de Toulouse, elle l'apporterait ainsi un jour dans sa totalité à la France. On retenait déjà à la cour la petite Jeanne en otage.

Languedoc [1], Raimond Bérenger a assuré la protection des acquisitions françaises à l'ouest du Rhône, se rangeant ainsi définitivement du côté de la papauté. La soumission de Raymond de Toulouse et sa promesse de lutter contre les hérétiques, quoique affirmées par le traité de Meaux, n'apaisent cependant pas le pontife. Il pense, comme il l'écrit au roi de France, qu'un mariage liant la France et la Provence « n'aurait rien de meilleur pour conserver cette terre pour laquelle tant de sang avait été versé ».

Le pape est tellement sûr que sa suggestion sera écoutée que la missive s'accompagne, par avance, de la dispense nécessaire à la validité de cette union [2] et d'un immense privilège : un acte mettant la chapelle royale à l'abri de tout interdit, ce qui assure au roi son indépendance vis-à-vis d'un clergé prompt à le brandir contre le pouvoir royal. Blanche de Castille, autrefois témoin des brûlants conflits qui ont opposé Philippe Auguste à son clergé, apprécierait !

Néanmoins Blanche hésite. La France n'a plus besoin de l'alliance du comte de Provence pour protéger les sénéchaussées de Beaucaire et de Carcassonne, comme lors de la croisade de Louis VIII en Languedoc. Son seul souci à présent est de préserver les terres du comte de Toulouse promises par le mariage de son cadet Alphonse avec Jeanne de Toulouse. Le conflit occitan ne la concerne pas, et s'il fallait prendre parti, Blanche de Castille pencherait plutôt pour Raymond de Toulouse. Elle a un faible pour son cousin [3], quoiqu'elle ne l'ait pas ménagé à Meaux.

Raimond Bérenger n'est pas moins hésitant à déférer au désir du pape. Une alliance si étroite avec la France lui aliénerait, pense-t-il, l'empereur, son suzerain, qui la verrait d'un mauvais œil. En dépit de l'orgueil de voir sa fille sur le trône de France,

1. L'expédition au retour de laquelle Louis VIII a trouvé la mort.

2. Louis et Marguerite ayant un ancêtre commun, le trisaïeul de Blanche de Castille et de Raimond Bérenger.

3. Tous deux ont pour aïeux Henri II Plantagenêt et Aliénor d'Aquitaine, roi et reine d'Angleterre.

il ne peut s'y résoudre. Grégoire IX, impatient de ses tergiversations, exerce sur lui un véritable chantage, feignant même de vouloir soutenir Toulouse contre lui.

Ce n'est qu'au début de 1234, poussé par son conseiller Romée de Villeneuve, que le comte se décide à offrir sa fille au roi. Mais, prévoyant que l'arbitrage sollicité lui sera défavorable, que la France n'ira pas contre la décision de l'empereur Frédéric II de rétablir Raymond VII dans sa dignité de Marquis de Provence, Raimond Bérenger déclare se soumettre à la décision du roi et de sa mère, quelle qu'elle soit, à la condition que le mariage projeté se fasse. C'est prendre une assurance contre les velléités d'expansion de Raymond VII dans le Midi. La France l'en protégerait. La déclaration porte son sceau, celui de la comtesse de Provence et celui de leur fille Marguerite.

Comme attendu, l'arbitrage favorise Toulouse auquel on rend le marquisat de Provence. Raimond Bérenger l'accepte et la date du mariage est fixée au 27 mai.

Mariage et couronnement à Sens

Où Marguerite se détache-t-elle de son enfance protégée ? Est-ce au majestueux palais comtal d'Aix, à celui de Brignoles, la résidence préférée de Béatrix de Savoie où la comtesse tient sa cour, ou encore à Saint-Maime, dans le comté de Forcalquier, si riche pour Marguerite et ses sœurs d'heureux souvenirs ? La chaleur écrasante de l'été y ramenait, chaque année, la famille comtale dans le modeste château perché sur une des deux collines surplombant la plaine de Mane, face à celle qu'occupe la demeure du seigneur de Dauphin, Guillaume de Sabran, l'âpre compétiteur de Raimond Bérenger. Les nuits y étaient fraîches et lumineuses, apaisantes pour le corps et l'esprit et, le jour, la vie s'y déroulait, simple et campagnarde, mêlée à celle du pays. On voyait, les jours de fêtes, juchées sur leur mule, les filles du comte aller danser à Forcalquier, sur la place ombragée d'ormes et de tilleuls de la belle cathédrale, où, familièrement assis sur les marches, leur père a accordé à la ville ses franchises. Mais ce n'était pas à Forcalquier assurément qu'on pouvait préparer Marguerite à son destin royal.

Le grand arrachement a lieu pour Marguerite, à Lyon, le 17 mai. Le cœur serré, elle dit adieu à son père et sa mère qui l'ont accompagnée jusque-là. Son oncle, Guillaume de Savoie, évêque de Valence, est chargé de l'escorter, précédée des trompettes de six hérauts et du ménestrel de la cour exaltant ses mérites, jusqu'à Sens où l'on célébrera son mariage et son couronnement. Le comte et la comtesse retournent dans leur comté, la terre chérie que Marguerite n'oubliera jamais. « Quand nous reverrons-nous, et nous reverrons-nous ? » soupire, dans ses adieux à la Meuse, la Jeanne d'Arc de Péguy. La Meuse de Jeanne, c'est la Durance de Marguerite.

Dix jours pour sécher ses larmes avant de rencontrer l'imposant et brillant cortège venu au-devant d'elle : la reine Blanche, le roi et deux de ses frères, Robert et Alphonse [1], accompagnés d'Alphonse le Neveu [2], sont entourés des dames de la cour, du chambellan, des conseillers, des grands feudataires. Suivent le ban et l'arrière-ban de la noblesse du royaume.

Blanche de Castille a souci d'accueillir fastueusement la future jeune reine de France. Sens est en effervescence depuis des semaines. Aux abords de la cathédrale Saint-Étienne, on a dressé des échafaudages qui permettront à la foule de mieux voir le cortège nuptial et d'assister à l'engagement réciproque des époux sur le parvis, avant d'entrer dans l'édifice tapissé de riches tentures, pour y entendre la messe solennelle célébrée par l'archevêque de Sens. C'est sur cette place qu'auront lieu ensuite les festivités présidées par le couple royal, assis sur des sièges drapés d'or, à l'abri d'une tribune couverte de feuillages. Musiciens, chanteurs, poètes et jongleurs s'y succéderont

1. Leur jeune âge, sept ans et neuf ans, ne permettait pas à Charles et à Isabelle d'être de la noce.

2. On appelait ainsi le fils de la reine du Portugal, sœur de Blanche, qui avait été élevé à la cour de France. Il avait l'âge de Louis.

et jeux de chevalerie s'y déploieront. On a même démoli un mur afin d'aménager un espace suffisant pour les tables du banquet qui réunira une partie des quinze mille invités à la noce aux frais du Trésor.

La reine mère s'est occupée de tout, du logement des invités et de leur suite – on a indemnisé, aux frais du Trésor, les propriétaires des demeures réquisitionnées et construit des gîtes provisoires pour les équipages – comme de la confection des vêtements d'apparat de la famille royale et des dames d'honneur. Vêtements chatoyants, où la perse [1] rivalise avec l'écarlate doublée de vermillon, le vert et la brunette noire [2]. Blanche a veillé à tous les détails, fait renouveler le matelas destiné à la jeune reine, garni d'une courtepointe de soie brodée, et vérifié le contenu des coffres drapés d'écarlate : draps de toile de lin, couvertures de fourrure, assortiment de chemises fines et de linge de corps. Elle a commandé aux orfèvres les joyaux d'or, ceux qui orneront ses fils, et ceux que le roi offrira à Marguerite : une petite couronne d'or qu'elle portera, le lendemain des noces, à la fin de la cérémonie du couronnement. Celle qu'à l'instant solennel l'archevêque posera au-dessus de sa tête est si lourde que les grands du royaume devront la soutenir.

S'ajoutent les cadeaux. Pour la jeune reine, un « chapel » d'or (sorte de diadème) et deux cuillers du même métal précieux, ainsi qu'une coupe d'or faite exprès pour le roi et la reine ce jour-là et dans laquelle ils boiront avant de la donner, selon l'usage, au grand bouteiller de France. Marguerite reçoit en outre des fourrures, une d'hermine, et une de zibeline qu'elle sera seule à se voir offrir. Économe d'ordinaire, la belle-mère de Marguerite n'a pas ménagé ses écus ! Si les invités de marque sont comblés de « robes [3] », la domesticité n'a pas été oubliée, et une pluie d'aumônes s'est déversée sur le petit peuple pour rendre l'événement mémorable.

1. Couleur bleue.
2. Toile très fine.
3. Ce terme peut désigner des vêtements divers : cotte, surcot, manteau agrafé sans manches.

Amour est au rendez-vous

La petite fille de Provence n'aurait pu rêver accueil plus merveilleux. Elle est étourdie, éblouie, comblée. Celle dont l'enfance a été bercée par les soupirs des troubadours : « D'amour est toute ma pensée, / je ne me soucie que d'amour », celle qui attendait ce *fine amor*, dont on parlait tant qu'il devait bien exister, a rencontré son beau chevalier venu au-devant d'elle, blond, « mince, fragile, au visage d'ange et gracieuse figure ». De surcroît, il la couve d'un regard bleu, admiratif, ardent. Et l'émotion la rend encore plus belle.

Durant ces trois jours de fêtes, il n'échappe à personne que cette union purement politique, et qui a donné lieu à tant d'hésitations, se mue en mariage d'amour.

Mais qui aurait pu prédire que cet amour-là ne connaîtrait aucune faille, aucune usure ? Qu'à son dernier jour comme au premier, Louis pourrait sceller sa correspondance personnelle avec l'anneau d'or qu'il a commandé en même temps que celui destiné à sa fiancée et qu'il a fait graver, sans la connaître, d'une promesse : « Hors cet anneau point d'amour n'aurai » ?

Il tiendra son serment celui qui signe ses lettres « Louis, seigneur de Poissy », du lieu de son baptême, comme pour revendiquer son seul vrai titre : vassal de Dieu. Le petit-fils de Philippe Auguste ne marchera pas sur les traces d'époux adultère, et même bigame, de son grand-père, mais demeurera fidèle au commandement divin : « L'homme quittera son père et sa mère pour s'attacher à sa femme et ils ne seront qu'une seule chair » (Genèse, 2.24). Et, quand la mort les séparera sur terre, après avoir traversé ensemble tant d'épreuves de toutes sortes, l'amour demeurera aussi vivace dans le cœur de Marguerite, tout au long de vingt-cinq ans de veuvage.

Pour l'heure, à l'aube de sa longue histoire d'amour, Marguerite de Provence n'en est qu'à la découverte éblouissante mais pleine d'illusions de ce que sera sa vie de reine.

II

UNE REDOUTABLE BELLE-MÈRE

Marguerite et Louis

Ils ne sont cependant encore qu'un chaste couple d'amoureux, Louis et Marguerite, lorsque le cortège royal s'ébranle de Sens, le 29 mai, acclamé tout au long de la route vers Paris en liesse où il parvient le 9 juin.

Louis a observé à la lettre la recommandation de l'évêque, à l'issue de la cérémonie du mariage : consacrer leurs trois premières nuits à prier ensemble. Marguerite dut moins s'en étonner que l'on se l'imagine. Sans en faire une obligation, l'Église le prescrivait communément, et nombre de couples alors y souscrivaient. En outre, en la préparant au climat de la cour de France, si différent de celui de la provençale, on ne lui a sûrement pas laissé ignorer la stricte éducation religieuse des enfants de Blanche de Castille. Dès leur jeune âge, les heures liturgiques ont scandé leur existence. Les laudes les arrachaient un moment à leur lit pour les précipiter à la chapelle, avant de s'y rendre un peu plus tard entendre la messe quotidienne ; les vêpres les réunissaient pour saluer la chute du jour, et les complies les préparaient au sommeil. Entre ces points forts,

Louis, particulièrement pieux, récitait les heures monastiques avec l'un ou l'autre de ses chapelains, et se livrait à quelque lecture pieuse avant de s'endormir. Il devait conserver cette habitude, avant même que sa soif d'absolu ne l'entraîne à multiplier les actes de dévotion et de mortification.

Sans la disparition, à neuf ans, de son frère aîné Philippe, qui porta son cadet sur le trône, Louis aurait sûrement embrassé la vie monastique comme sa sœur Isabelle qui refusera tout projet de mariage, même celui qui aurait fait d'elle une impératrice, et elle mourra moniale. On doit noter que si l'éducation imposée par Blanche de Castille à ses enfants favorisa les aspirations mystiques d'Isabelle et de Louis IX que ses détracteurs appelèrent plus tard « le Roi Moine », elle ne fit que colorer l'existence des autres fils.

En dépit de sa retenue des premiers jours, Marguerite n'a pas moins épousé, pour son bonheur, un homme aux appétits d'homme. Un être jeune, vigoureux, dont l'état de mariage libère la nature ardente, bridée jusque-là par scrupule religieux et l'horreur du péché inculquée par sa mère : « Mieux valait être lépreux que pécheur », confiera-t-il un jour à Joinville.

Ce ne sera pas sans difficulté que, sa vie durant, Louis s'imposera de s'écarter du lit conjugal chaque vendredi, tout le temps de l'Avent et celui du carême comme les trois ou quatre jours qui précédaient et suivaient celui où il communiait [1]. Ces nuits-là, à l'exemple de saint François d'Assise, il arpente sa chambre, pieds nus sur le sol glacé pour calmer le feu qui l'embrase et qu'il sublime par la prière. Si on doit au confesseur du roi, Guillaume de Saint-Pathus, quelques aperçus sur l'intimité du couple, l'état d'esprit de Marguerite concernant ces abstinences demeure un secret qu'elle n'a pas partagé.

Ce qu'il y a de certain, c'est que leurs étreintes conjugales ne sont pas dictées par un « devoir » ou la nécessité d'assurer

---

1. En ce temps-là, la communion eucharistique des fidèles était réservée aux grandes fêtes, acte solennel qui s'accomplissait pour les âmes pieuses dans la crainte d'un sacrilège si on ne l'accomplissait dans l'état de pureté.

la pérennité de la dynastie. Cependant leurs rapports charnels ne constituent pas le seul lien de ce couple si fortement uni. Blanche de Castille ne tarde pas à en prendre ombrage.

Belle-mère et belle-fille

Un mois à peine après le mariage, Louis doit s'éloigner de Marguerite. Blanche l'envoie, pour la seconde fois, mater le comte de Bretagne Pierre Mauclerc [1], traître à son souverain. Cette décision n'a rien en soi pour chagriner Marguerite qui maintes fois a vu son père s'absenter pour imposer son autorité à ses grands seigneurs et à ses villes rebelles. Mais l'absence de Louis la laisse face à une belle-mère redoutable qui, dès le lendemain des noces, a renvoyé tout son entourage provençal afin d'écarter d'elle toute influence étrangère. Marguerite ne tardera pas à la détester.

La froideur de Blanche envers Marguerite cache mal sa méfiance bien que la régente se soit réconciliée avec l'idée de ce mariage. À tout considérer, il empêchait une collusion des deux comtes de Provence et de Toulouse, dangereuse pour la France, et il ouvrait d'excitantes perspectives. L'aînée de Raimond Bérenger V, si celui-ci n'avait pas de fils, hériterait d'un beau comté qui reviendrait à la couronne. De toute manière, l'impossibilité pour l'impécunieux comte de Provence de verser dans son intégralité la dot exorbitante exigée pour Marguerite justifierait, un jour ou l'autre, une intervention française dans le comté.

Séparée de ses Provençaux, Marguerite est aussi isolée à la cour de France que l'est Jeanne de Toulouse, la petite fiancée d'Alphonse, le frère de Louis, retenue là pour garantir la paix en Languedoc. Elle se sentirait bien seule, en l'absence de Louis, sans la chaude affection que lui a offerte d'emblée la douce et blonde Isabelle de deux ans sa cadette mais déjà mûre

1. Cf. Annexes : Pierre Mauclerc.

et si semblable à son frère. Quantité négligeable pour les courtisans qui voient tout par les seuls yeux de Blanche de Castille, Marguerite compense son impuissance à exister en jouant, non sans autorité, auprès du petit Charles (le futur comte d'Anjou) un rôle maternel que la reine mère, prise par ses obligations, n'a pas le loisir de remplir.

La souveraine, ce n'est pas en effet « la jeune reine », comme on la désigne, mais toujours Blanche de Castille. Celle-ci ne montre aucun empressement à remettre à son fils, pourtant en âge de les recevoir, les rênes d'un gouvernement qu'elle tient depuis quatorze ans avec tant d'énergie et de sagacité.

Louis, même marié, demeure sous la coupe de sa mère dont il est l'enfant particulièrement chéri. Marguerite doit se fondre dans la famille réunie autour de Blanche. Tous ses membres, célibataires ou mariés, continuent et continueront à vivre ensemble, comme ils ont été élevés, sans Maison distincte de la Maison royale, même si on leur accorde quelques serviteurs particuliers, et les comptes de leurs dépenses, tenus par le chambellan royal, demeureront longtemps confondus. Encore en 1239, une seule « ligne comptable » enregistrera les achats des reines Blanche et Marguerite et des épouses des frères du roi, Robert d'Artois et Alphonse de Poitiers.

Marguerite, durant toutes ces premières années de mariage, ne jouit donc d'aucune autonomie, La reine mère décide de tout. Lorsque la cour s'éloigne de l'île de la Cité et du quadrilatère fortifié longeant la Seine, terne ruban pour le regard de Marguerite qui s'est éveillé au bord de la Durance bondissant sur ses galets ou s'y étirant paresseuse, elle pérégrine tout entière de château en château. Vincennes, Saint-Germain, Compiègne, Senlis, Pontoise et autres demeures vides, où elle arrive précédée des fourriers qui déchargent hâtivement les multiples charrois chargés de lits, matelas, couvertures, draps, tapisseries, coffres, matériel de cuisine et de tout ce qui sera nécessaire pour dresser la table.

C'est une nouveauté déconcertante pour Marguerite : dans chacune des demeures provençales, où les saisons ramenaient sa famille, on se retrouvait paisiblement chez soi, dans un décor familier. Cependant, elle attend avec impatience les séjours à Pontoise. Là seulement les jeunes époux peuvent échapper à la vigilance maternelle qui ne leur accorde, on l'a dit, aucun moment d'intimité en dehors des nuits. Or les nuits, si elles les comblent, ne suffisent pas à ce besoin continuel qu'ils ressentent, comme tous les amoureux du monde, de se voir, de se parler, de tout échanger de leurs souvenirs, leurs aspirations, leurs préoccupations, leurs rêves. Louis aime enseigner et Marguerite aspire à tout apprendre, non seulement pour lui plaire, mais par sens du devoir qu'on lui a inculqué et afin d'être pleinement reine de ce beau royaume que Louis a le souci de lui faire connaître, sous tous ses aspects.

À Pontoise, la complicité de leurs serviteurs leur permet de se retrouver dans la journée pour leur « parlement », dans l'escalier tournant qui relie leurs deux chambres, celle de Marguerite étant située au-dessous de celle de Louis. « Quand les huissiers voyaient venir la reine dans la chambre de son fils, ils frappaient la porte de leur verge, et le roi s'en allait en courant dans sa chambre pour que sa mère l'y trouvât ; ainsi faisaient à leur tour les huissiers de la reine Marguerite quand la reine Blanche y venait pour qu'elle y trouvât la reine Marguerite. »

Si l'on s'en tient à la ruse des deux tourtereaux pour tromper un sévère mentor, l'anecdote, souvent évoquée par les historiens, pourrait n'être que plaisante ; en fait, elle est affligeante.

Comment Blanche peut-elle oublier à ce point sa propre et belle histoire d'amour ? Oublier qu'elle avait l'âge de Marguerite lors de son mariage avec le fils de Philippe Auguste, à peine plus âgé, qu'ils avaient, dès leur première rencontre, vécu la même passion et fait de leur mariage politique une union si étroite que 26 ans plus tard, désespérée par la mort de son époux, elle songea à ne pas lui survivre ?

Blanche de Castille devrait pourtant se féliciter de voir son fils prêt à se conformer au modèle de vie conjugale qu'elle lui a offert, illustrant le propos de Guillaume d'Auxerre, l'évêque de Paris : « Ce n'est pas la volonté d'habiter ensemble, d'avoir des relations charnelles qui est cause efficiente du mariage, c'est la volonté d'établir l'association conjugale, et cette association comprend bien des choses. » Le rôle de l'épouse, fortement défini par le Dominicain Vincent de Beauvais, prêcheur à la cour : *nec domina, nec ancilla, sed socia* – ni maîtresse, ni servante, mais compagne –, ce rôle qu'elle a si bien rempli, pourquoi Blanche le refuse-t-elle par avance à sa belle-fille ?

Jalousie féroce de belle-mère, dira-t-on. Le diagnostic est réducteur. Mère abusive, notoirement attachée à ce fils plus qu'à aucun autre de ses enfants, Blanche de Castille l'est. Mais elle est surtout inquiète.

En épousant Louis VIII, Blanche a épousé le royaume de France ; veuve, elle en était devenue responsable. Il lui est insupportable de voir une jeune fille rieuse qu'elle juge étourdie, légère, insignifiante, prendre autant de place dans la vie de son fils qu'elle voudrait consacré aux affaires de l'État, son premier et seul devoir après celui à rendre à Dieu.

Le mariage d'Éléonore de Provence

En conseillant à son maître indécis l'union de Marguerite avec le roi de France, Romée de Villeneuve prévoyait que ce premier mariage royal ouvrirait la voie à d'autres : « Vos filles vous apporteront la gloire. » Cela ne s'est pas fait attendre ! En juillet 1235, Éléonore de Provence, seconde fille de Raimond Bérenger, prend place sur le trône d'Angleterre.

Ce second mariage provençal, c'est la réponse du berger à la bergère, la parade du roi d'Angleterre au coup dur porté aux Plantagenêts par le roi de France.

Depuis Henri II et Richard Cœur de Lion, l'Angleterre cherche dans le royaume d'Arles un appui pour prendre à revers les Capétiens. Le mariage de Marguerite ruine pour Henri III cet espoir alors que l'extension de la France en bas Languedoc est déjà une menace pour ce qui subsiste de son influence à l'ouest. Épouser la cadette de Raimond Bérenger freinerait, selon lui, les prétentions françaises en Occitanie. Les châteaux provençaux exigés en garantie de la dot d'Éléonore se dresseraient longtemps face à ceux obtenus par Blanche de Castille en nantissement de celle de Marguerite [1]. Partie nulle !

Le comte de Provence ressent, lui, un grand soulagement : l'alliance anglaise fait contrepoids à une alliance française, bien embarrassante. Frédéric II, furieux de l'union de Marguerite, s'est fait menaçant [2]. Heureusement, par son remariage récent avec Isabelle d'Angleterre, sœur d'Henri III, il est à présent le beau-frère d'Éléonore. Raimond Bérenger espère que cela assurera la paix en Provence [3].

Marguerite, quant à elle, n'éprouve de l'union de sa cadette que joie et fierté : sa sœur chérie est reine d'un royaume proche du sien. Seul un bras de mer les sépare. Pourquoi ne pas rêver qu'il les réunira un jour, et autrement que par l'abondante correspondance qu'elles commencent à échanger ?

Les rapports de Marguerite et de sa sœur justifient l'inquiétude de Blanche de Castille et de ses conseillers : qui sait si, sous l'influence de sa jeune épouse tant attachée à la Provence et à sa famille, Louis ne va pas se détourner de la politique traditionnelle de la France : la lutte contre l'Angleterre ?

L'union anglaise de la seconde fille du comte de Provence n'a cependant provoqué aucune réaction hostile de la part de

1. La dot d'Éléonore ne fut pas plus intégralement versée que celle de Marguerite. En 1256, les quatre châteaux remis en garantie à Henri III étaient encore entre ses mains.

2. Frédéric II a fait don de Carpentras et de L'Isle-sur-la-Sorgue au comte de Toulouse titré Marquis de Provence, le poussant à s'emparer du Comtat Venaissin, ce qui nécessita un nouvel arbitrage du roi de France naturellement porté à protéger le père de Marguerite.

3. Une illusion qui se dissipera en 1239. Frédéric II dépouille Raimond Bérenger du comté de Forcalquier au bénéfice du comte de Toulouse. Mais la vigoureuse réaction du père de Marguerite marquera l'éviction définitive de l'empereur des affaires de Provence et l'alliance désormais indéfectible de la Provence et du pape dans la lutte de ce dernier avec l'empire.

Blanche de Castille, dans la crainte que, furieux, le roi d'Angleterre ne suscite une nouvelle révolte des barons de l'ouest, qu'il soutiendrait mieux cette fois. Un sauf-conduit est délivré au cortège d'Éléonore, accompagnée de ses oncles de Savoie, pour traverser la France et s'embarquer à Wissant, mais il n'est pas question de recevoir à la cour de France la future reine d'Angleterre, fût-elle la sœur de la reine. Marguerite chagrinée l'a alors bien compris : on ne tient aucun compte de ses désirs à la cour, et son époux s'incline toujours devant l'autorité de la régente, sa mère.

III

LES PREMIÈRES ANNÉES (1234-1240)

Festivités à la cour de France

Ce serait caricaturer la vie de Marguerite que l'imaginer bridée dans son épanouissement par une existence dévote et austère imposée par sa redoutable belle-mère. La vie à la cour n'a rien de triste. Comme Marguerite, Louis est gai, enjoué ; il sait même rire aux éclats, aux facéties de son frère Robert d'Artois qui, plein d'entrain, ne recule pas devant les plus douteuses, comme celle dont le comte Thibaud de Champagne fit les frais lors de sa venue à la cour pour faire sa soumission, après sa rébellion [1]. À son entrée dans la chambre royale, le comte, délicat poète mais personnage gros et gras, engoncé dans son habit de cérémonie, se vit inondé de crème et de fromage frais déversé du haut d'un escalier par le valet de Robert, mettant en joie toute l'assistance, sauf Marguerite.

1. En septembre 1234, Thibaud de Champagne, devenu par héritage roi de Navarre, entendait marier sa fille au fils de Mauclerc, comte de Bretagne. Cette alliance de la Champagne et de la Bretagne était trop dangereuse pour que Blanche la tolère. Louis prit les armes avec ses deux frères. Le comte de Champagne dut renoncer à ce projet.

Celle-ci, accoutumée à plus de délicatesse, s'efforcera d'introduire plus de raffinement dans cette cour aux mœurs capétiennes encore rudes et grossières.

En fait, Robert n'était pas mécontent de ridiculiser ainsi ce comte amoureux fou de sa cousine, la très belle Blanche de Castille, dont le pouvoir de séduction se moque des atteintes de l'âge.

Avec une mère d'une extrême élégance, qui ne lésine pas sur l'achat de robes, de fourrures et de joyaux et qui a toujours tenu à ce que ses enfants aillent « noblement vêtus », il est naturel que Louis ne contrarie pas les mêmes goûts chez Marguerite. Il fera même de l'élégance une prescription aux épouses dont le devoir, disait-il, est de plaire à leur mari. Toutefois, sans le proscrire, il leur recommandera un usage modéré des fards. Peut-être pensait-il aux parfums capiteux que l'on faisait venir d'Orient, ou à ces décoctions et poudres pour aviver le teint dont les femmes puisaient les recettes dans *L'Ornement des dames*, avec celles destinées à blanchir – suprême élégance – les visages trop hâlés par le grand air, combattre les rides et soigner les cheveux. Mais Marguerite à son âge n'a nul besoin de tels artifices !

Durant ces premières années de mariage, les occasions ne manquent pas à Marguerite de faire admirer sa beauté et sa garde-robe. Au mois de mai ou juin, pour profiter des beaux jours, des fêtes mémorables rameutent à la cour toute une ardente et joyeuse jeunesse.

En 1237, elles ont lieu à Compiègne pour la remise à Robert d'Artois de son apanage et son mariage, le même jour, avec Mahaut de Brabant. Brillante union qui fait du frère cadet de Louis le cousin de l'empereur Frédéric, le beau-frère du futur duc de Brabant, de celui du landgrave de Thuringe et du duc de Bavière.

Deux mille chevaliers y assistent outre les cent quarante jeunes nobles adoubés en cette occasion en même temps que Robert. Ce jour-là, au côté de Louis revêtu d'un manteau de satin vermeil sur une robe d'écarlate violette, Marguerite porte, sous une pelisse de vair [1], une robe fourrée d'hermine et de zibeline, car il fait froid en cette Pentecôte.

Succèdent aux fêtes de Compiègne celles du mariage d'Alphonse le Neveu. Fils de la reine du Portugal, sœur de Blanche, il est le compagnon d'enfance de l'autre Alphonse, le frère de Louis. La reine mère a, en hâte, combiné son mariage avec la veuve du comte de Boulogne pour couper la route à un prétendant de cette dernière estimé dangereux pour le royaume : Simon de Montfort, comte de Leicester par son arrière-grand-mère [2]. Alphonse le Neveu s'est incliné par obéissance.

Sans doute pour compenser ce qu'il pouvait y avoir de déplaisant dans l'union de son jeune neveu avec la vieille comtesse dont le seul attrait était sa grande fortune (devenu contre toute attente roi du Portugal, Alphonse la répudiera sans remords), Blanche a su donner à ces fêtes nuptiales un éclat particulier.

Deux ans plus tard, ce ne sont pas deux mille chevaliers mais plus de trois mille qui participent au festin donné dans les halles de Saumur – ces halles bâties par Henri II Plantagenêt – pour la remise de son apanage à Alphonse de Poitiers, son adoubement et son mariage avec Jeanne de Toulouse [3]. On en doit le récit ébloui à Joinville qui faisait, ce jour-là, son entrée à la cour comme jeune écuyer de Thibaud de Champagne. « Beaucoup de gens dirent qu'ils n'avaient jamais vu à une fête autant de surcots et d'autres parures de drap d'or et de soie qu'il y en eut là... », mais il note avec étonnement et réprobation que si le roi était revêtu d'une cotte de satin bleu sous un manteau de satin vermeil doublé d'hermine, il était bizarrement coiffé d'un « chapel de coton qui lui allait très mal parce qu'il était alors un jeune homme ».

---

1. Fourrure marquetée de petit-gris
2. Simon de Montfort (1208-1265) est, avec le même prénom, le fils de Simon de Montfort, vainqueur des Albigeois.
3. Alphonse et Jeanne furent fiancés en 1229 par le traité de Meaux conclu par la régente et le comte de Toulouse et unis en 1238, mais leur mariage n'avait pas encore été consommé.

Pour qui sait le décrypter comme Marguerite, si proche de Louis, c'est là déjà un message que le jeune roi entend porter. Destinées à affirmer la grandeur du souverain et la puissance du royaume, ces fêtes et leur luxe ne doivent pas faire oublier l'humilité de l'homme devant Dieu.

D'autres événements, dans ces premières années, célébreront avec plus d'éclat encore, car le royaume tout entier s'y associera, la Majesté divine.

Constantinople à Paris

La consécration de l'abbaye bénédictine de Royaumont en octobre 1235 est la première grande fête religieuse à laquelle assiste la jeune reine.

Marguerite sait quelle importance a ce monastère aux yeux de Louis. Il en a choisi avec sa mère l'emplacement, proche du manoir royal d'Asnières-sur-Oise, et, chaque fois qu'il le pouvait, il a participé en personne avec ses frères à sa construction, en partageant ces jours-là la vie et le labeur des moines. Louis révère tant ce monastère que Marguerite et lui l'éliront comme lieu de sépulture pour les enfants qu'ils auront la douleur de perdre [1].

En dépit de la solennité donnée à la consécration de Royaumont, elle reste bien inférieure à celle qui marque, en 1239 et l'année suivante, l'arrivée en France des reliques de la Passion, joyaux du Trésor de Constantinople.

Marguerite, enceinte de son premier enfant, n'a pas suivi Louis, Blanche et Robert à Villeneuve-l'Archevêque pour partager leur émotion à l'ouverture de la précieuse caisse ramenée de Venise par deux frères prêcheurs. Elle contenait une boîte d'argent, frappée des sceaux du doge de Venise et des grands

1. Blanche en 1243, Jean en 1248, Louis en 1260. Jean-Tristan, mort à Tunis en 1270, aurait dû les rejoindre, si les instructions du roi Louis avaient été suivies.

barons de l'Empire de Constantinople, protégeant le coffret en or où reposait un léger faisceau de paille en forme de diadème auquel restaient attachés quelques fragments de ce qu'on vénérait à Constantinople comme ayant appartenu à la couronne d'épines du Christ [1].

De Sens jusqu'à Paris, pieds nus et en chemise comme des pénitents, Louis et son frère ont porté la relique déposée sur un brancard, accompagnés, tout le long de la route, par les prières et les chants des populations attirées par le cortège. Le 18 août 1239, c'est l'entrée de la relique à Paris, près de l'abbaye Saint-Antoine, et son exposition, sur un échafaudage, à la vénération des Parisiens avant d'être conduite, en grande cérémonie et toujours portée par le roi et Robert d'Artois, à la cathédrale Notre-Dame, puis de là au palais de la Cité afin d'être déposée dans la chapelle Saint-Nicolas.

L'année suivante, le même cérémonial se renouvelle avec une identique ferveur pour accueillir les fragments de la Vraie Croix, mais cette fois Marguerite est en tête du cortège avec Blanche de Castille et Isambourg, la reine d'Orléans [2].

Il fallait une châsse digne de telles reliques. Louis décide immédiatement l'édification de ce qui sera la Sainte-Chapelle inspirée par celle de Byzance, telle que l'a décrite en 1204 un chevalier franc émerveillé par « l'éclat des colonnes d'or, d'argent et de jaspe » qui aveuglait ceux qui y pénétraient.

Gauthier Cornut, l'archevêque de Sens responsable des cérémonies de l'arrivée des reliques, n'hésita pas à proclamer que « comme le Christ avait choisi la Terre promise pour que soient manifestés les mystères de Sa Rédemption, aussi semble-t-il avoir choisi la Gaule pour que soit pieusement vénéré le triomphe de Sa Passion ».

1. Les reliques de la Passion, découvertes par l'empereur grec de Byzance lors de la prise et du pillage de Jérusalem, où elles étaient demeurées cachées, furent ramenées par lui à Constantinople en 630, après sa victoire sur les Perses.

2. La veuve de Philippe Auguste.

La France et l'Orient

Si ce n'est pas la volonté divine, ce sont bien les malheurs de l'Empire latin d'Orient [1] et l'impécuniosité de son jeune héritier Baudouin de Courtenay qui ont permis au roi Louis d'entrer en possession des reliques.

Envoyé par le régent de Constantinople, Jean de Brienne, que Blanche et Louis tiennent en grande considération [2], Baudouin est venu en Occident chercher du secours, en hommes et en argent, pour la protection de l'Empire menacé par l'empereur grec de Nicée et son allié bulgare.

Marguerite prend conscience de l'importance de l'Orient dans les préoccupations de Louis à la façon chaleureuse dont il accueille cet arrière-petit-fils de Louis VII, héritier de Constantinople. Outre un don personnel de quatre mille huit cents livres et de nombreux présents, le roi lui consent un prêt de cinquante mille livres afin de poursuivre la levée d'une armée.

On ne tarda pas cependant à la cour à juger Baudouin « enfantif en paroles, peu capable de gouverner un empire qui aurait exigé un moult sage homme et vigoureux ». Or il advint que le vieux Jean de Brienne mourût pendant le séjour de Baudouin, tandis que l'étau se resserrait autour de Constantinople.

À court d'argent, Baudouin doit avouer qu'il a engagé les reliques de la Passion. Pour les racheter, Louis se fait son

---

1. Rappelons que les barons francs de la 4e croisade l'avaient substitué à l'Empire byzantin par la prise de Constantinople, se détournant ainsi de leur but : la délivrance de Jérusalem conquise par Saladin, le grand sultan kurde maître de l'Égypte.

2. Seigneur champenois devenu roi de Jérusalem avec l'appui de Philippe Auguste, il avait dirigé la cinquième croisade et sauvé l'armée franque embourbée dans le Delta. Son éviction du trône de Jérusalem par Frédéric II, marié à sa fille et héritière, l'avait ramené en France où il aida Blanche de Castille et le jeune roi Louis à mater la révolte des barons. À son retour en Orient pour occuper la régence de Constantinople durant la minorité de Baudouin II, il laissa à la cour ses enfants, nés de son second mariage avec une des nièces de Blanche de Castille. L'aîné devint par son mariage comte d'Eu.

créancier à la place des Vénitiens et des Templiers en sachant bien que l'impécunieux ne pourra jamais le rembourser et que Paris détiendra pour toujours le précieux Trésor de Constantinople.

Sollicité également par Baudouin, Grégoire IX, non moins inquiet pour Constantinople que pour la Syrie franque, appelle les souverains européens à une nouvelle croisade. Seul Louis y répond, non en personne, bien entendu, car il n'est pas question de priver le royaume de la présence de son roi, mais en autorisant ses grands vassaux à prendre la croix. Leur participation est telle que l'armée qui s'embarque en juillet 1239 prend l'aspect d'une armée royale. Plus, comme, avec la permission du roi, le connétable Amaury de Montfort [1] porte la bannière fleurdelisée, Louis y est présent en effigie.

En effigie seulement, au grand soulagement de Blanche et de Marguerite, car une expédition en Orient pouvait être promesse de gloire ; elle l'était plus sûrement de souffrances, voire de mort.

Il y a peu, de terrifiants messagers sont venus glacer d'effroi Marguerite. Émissaires du Vieux de la Montagne, le féroce et mystérieux cheik persan retranché dans les retraites inaccessibles des monts Alaouites en Syrie, ils avaient à avertir le roi d'avoir à se mettre en garde : sa vie était menacée.

Le Vieux de la Montagne, chef de la secte islamique des Assassins [2], qui se vantait de « porter la mort des rois entre ses mains » et l'avait déjà prouvé, revenait ainsi sur l'ordre secret lancé à deux de ses membres de supprimer le roi de France.

1. Fils aîné et héritier de Simon de Montfort en 1218, il avait cédé ses droits en Languedoc à Louis VIII. Louis IX l'avait nommé connétable. Il mourra au retour de cette croisade.

2. Le nom « Assassin » vient de *hachichine* – utilisateur de hachisch. Les membres de cette secte fanatisée « croient que quand un homme meurt pour son seigneur, ou avec quelque bonne intention, son âme s'en va dans un corps meilleur et plus heureux qu'avant ; c'est pourquoi il importe peu aux Assassins qu'on les tue quand ils obéissent au commandement du Vieux de la Montagne ». Joinville, *Vie de Saint Louis*.

Les raisons de l'ordre et du contrordre demeurent obscures ; elles étaient sans aucun doute politiques. Empêcher la formation d'une nouvelle croisade qu'aurait conduite le puissant roi de France semble avoir justifié le premier. Cependant, les Tartares déferlaient d'Asie du Nord, et la Syrie musulmane cherchait des alliances contre ceux qui menaçaient de la dévaster. D'où son annulation.

Quoi qu'il en soit, Louis remercie les émissaires et les renvoie comblés de présents pour eux et leur maître. Marguerite, soulagée, ne se doute pas alors que, dans quelques années, Louis se trouvera, face à face cette fois, avec le redoutable cheik.

IV

ENFIN REINE

Naissances de Blanche et d'Isabelle de France

Après six ans de mariage, Marguerite emporte enfin le droit d'être reine : aujourd'hui, 12 juillet 1240, elle est mère ! La menace qui planait sur elle d'une répudiation est définitivement écartée. La naissance d'une enfant vivante et bien constituée fait taire les conseillers qui grognaient depuis quelque temps que le royaume de France ne pouvait se permettre une reine stérile. Certes, la petite Blanche n'est pas l'héritier impatiemment attendu, mais elle rassure.

Deux ans plus tard, la venue d'une seconde fille, Isabelle, confirme la fécondité de la reine. Cependant Marguerite est consternée : va-t-elle, comme sa mère n'enfanter que des filles ? Redoutant la déception de Louis, elle n'ose pas lui annoncer cette naissance et en charge l'évêque de Paris, Guillaume d'Auvergne. L'évêque contourne habilement l'obstacle : « Réjouissez-vous, Sire, dit-il à Louis, car aujourd'hui la couronne de France a gagné un roi : vous avez une fille par le mariage de laquelle vous aurez un trône de plus ! »

Louis, qui voit en tout événement la volonté divine, n'a pas besoin de tels détours. Un fils naîtrait à son heure, celle de Dieu. Sa confiance ne sera pas déçue : Marguerite lui donnera quatre fils parmi les onze enfants qu'ils accueilleront et chériront avec une égale tendresse.

Ce n'est pas la naissance d'Isabelle, puisque Louis n'y assiste pas, qui donne lieu à la scène dramatique rapportée par Joinville et que les historiens retiendront comme la preuve de la cruauté de Blanche de Castille. « Le roi, raconte Joinville, était au chevet de la reine sa femme en très grand danger de mort, parce qu'elle était blessée à cause de l'enfant qu'elle venait de mettre au monde [1]. Survint la reine Blanche : "Venez-vous-en, vous n'avez rien à faire ici", et elle prit son fils par la main pour l'entraîner hors de la chambre. À cette vue, la reine Marguerite s'écria : "Hélas ! Vous ne me laisserez donc voir mon seigneur ni morte ni vive." Et elle se pâma et l'on pensa qu'elle était morte ; et le roi, qui croyait qu'elle se mourait, retourna ; et à grand-peine on la remit en état. »

Le comportement autoritaire de Blanche, le cri de Marguerite, le sursaut de Louis, lâchant la main de sa mère pour revenir à l'épouse dont elle prétend le séparer, tout invite à penser que la scène eut lieu lors de la première naissance, toujours difficile.

Ce jour-là de 1240, Louis en résistant à sa mère s'est déclaré enfin majeur. La révolte de Marguerite lui a fait prendre conscience de la nécessité d'assumer en toute indépendance son rôle protecteur, vis-à-vis d'elle comme du royaume. Ce jour-là, Marguerite n'a pas fait que mettre au monde un enfant, elle a aidé Louis à accoucher de sa liberté. Désormais il va s'affirmer pleinement roi, sans toutefois rompre en visière avec sa mère : le respect et l'admiration qu'il lui porte, la confiance qu'il a en elle sont trop grands pour qu'il se passe de ses conseils.

1. Marguerite de Provence fut l'une des premières femmes délivrées au forceps.

Blanche de Castille a compris la leçon. Elle a l'intelligence de s'éloigner peu à peu de l'hôtel royal. Elle réside en son hôtel de Nesle quand elle ne se déplace pas dans l'une ou l'autre des nombreuses seigneuries de son douaire. Les comptes de 1239 auront été les derniers à confondre ses dépenses avec celles de la reine. Désormais, pour leurs « parlements », Louis et Marguerite n'auront plus besoin de l'escalier de Pontoise. Leurs séjours s'y feront plus rares.

La paix déchirée

La reine mère est dans l'ombre, mais c'est celle des coulisses. Elle continue à veiller à tout ce qui pourrait menacer le royaume, comme les unions matrimoniales susceptibles de favoriser les rébellions des barons, ou aller à l'encontre de la traditionnelle opposition à l'Angleterre. Son influence est encore immense et celle de Marguerite quasiment nulle en ces années 1240-1242.

Au cours de l'été 1240, Blanche de Castille est alertée par ses agents secrets : la révolte couve en Languedoc. La paix forgée en 1229 par le traité de Meaux est remise en cause. Les excès de l'Inquisition, installée en Occitanie avec l'autorisation royale, exaspèrent en effet les populations ; les vassaux rêvent d'indépendance, et les « faidits » se mettent à préparer leur retour.

Raimond de Trencavel, dont le père fut dépossédé de sa vicomté de Béziers et de Narbonne lors de la croisade albigeoise, a entrepris de récupérer son héritage [1]. Il a appelé tous les seigneurs spoliés du Languedoc à la résurrection de l'Occitanie. Louis doit envoyer l'armée dégager Carcassonne qu'assiègent Trencavel et son allié, le seigneur des Termes : le

1. Rappelons que ces fiefs conquis par Simon de Montfort, le chef de la croisade albigeoise, ont été remis au roi de France par son fils et héritier Amaury de Montfort, lequel est devenu le connétable de Louis IX.

siège « le plus terrible que la prestigieuse Cité ait subi au cours de sa longue histoire [1] ».

Trencavel a échoué, mais la situation reste tendue et l'orage éclate l'année suivante, une tornade pour Marguerite. Le 17 mai 1242, Henri III débarque à Royan, répondant à l'appel de sa mère, l'orgueilleuse Isabelle d'Angoulême [2], comtesse de la Marche qui a poussé son époux, Hugues de Lusignan, à la révolte en exerçant sur lui un véritable chantage. Subjugué par sa femme, il a plié sous ses menaces et refusé de prêter allégeance à Alphonse de Poitiers entré en possession de son apanage. L'ex-reine d'Angleterre estimait humiliant d'être, avec son époux, les vassaux d'Alphonse, lui-même vassal de son frère le roi !

Le comte de la Marche a entraîné dans sa rébellion bon nombre de seigneurs du Poitou, de Gascogne et de Guyenne qui contestaient à nouveau la légitimité des annexions de Philippe Auguste aux dépens de leur ancien suzerain, le roi d'Angleterre. Le comte de Toulouse les a rejoints, y voyant l'occasion de se dégager du joug capétien. Douze jours après le débarquement des forces anglaises, ce sera, avec la complicité de son sénéchal, l'assassinat, dans sa demeure d'Avignonnet, de deux grands Inquisiteurs et de l'archidiacre de Toulouse par les gens de Montségur, le nid d'aigle refuge des derniers et plus irréductibles hérétiques albigeois.

Henri III n'a pas laissé passer l'occasion de reconstituer une partie du royaume Plantagenêt. Et, cette fois, ses préparatifs ont été d'envergure.

De son côté, Louis n'est pas resté inactif. À la tête de l'armée royale, il a envahi les domaines des Lusignan et fait

1. Fernand Niel, *Albigeois et Cathares.*

2. Isabelle d'Angoulême, épouse en premières noces de Jean sans Terre, roi d'Angleterre (1167-1216). Après le couronnement de son fils, Henri III, priée par les barons anglais de quitter l'Angleterre, elle se retira en Angoumois, son héritage, et, revenant à ses premières amours, épousa Hugues de Lusignan, comte de la Marche, auquel elle avait jadis préféré le roi d'Angleterre.

prisonniers ses deux fils ; il s'est emparé de quelques châteaux forts en Poitou et a conclu une alliance en Saintonge avec le sire de Taillebourg. Ce dernier, naguère humilié par le comte de la Marche, « a juré sur les saints (les reliques) qu'il ne se ferait tondre à la guise des chevaliers, mais qu'il porterait des bandeaux ainsi que faisaient les femmes, jusqu'à ce qu'il s'en soit vengé, ou par lui ou par autrui ».

On peut imaginer le désarroi et l'angoisse de Marguerite que partage sa sœur, la reine d'Angleterre : rien ne pourra empêcher les deux beaux-frères de s'entre-déchirer. La victoire heureuse pour le royaume de l'une sera désastreuse pour celui de l'autre, et la joie de la première affectée par l'humiliation de la seconde, tant ces deux sœurs, si différentes par nature, sont demeurées unies. Une entente qui ne laisse pas d'inquiéter Blanche de Castille et ses conseillers.

En juillet, les deux armées sont face à face, sous les murs de Taillebourg. Les Anglais ont l'avantage : ils tiennent le pont. Mais Louis bénéficie de la rancœur du sire de Taillebourg : la place s'ouvre pour le roi de France. L'armée française force le passage de la Charente ; l'armée anglaise bat en retraite.

Le lendemain, Louis se porte sur Saintes, où Henri a rassemblé ses forces. Les deux rois sont en présence. Henri tente une sortie. Le choc est rude. Henri III est contraint de nouveau à la fuite.

Quatre jours plus tard, sentant la partie perdue, le comte de la Marche est au pied du roi, avec femme et enfants. Leur humiliation est spectaculaire. Orgueil ou lassitude, « prenant conscience de tant de maux », prétend Mathieu Paris, ou contrainte par le roi, Isabelle d'Angoulême, comtesse de la Marche, se retirera pour toujours à l'abbaye de Fontevraud, où mourut également Aliénor d'Aquitaine. Leurs deux superbes tombes voisineront.

Louis se dirige à présent vers Blaye dans l'intention d'en finir avec Henri acculé à Bordeaux. Par chance pour le Plantagenêt, une épidémie de dysenterie ravage le camp français. Louis est gravement atteint. Il n'est plus question pour lui de poursuivre l'expédition, de « bouter le roi d'Angleterre » hors des quelques territoires qui appartiennent encore aux Plantagenêts.

On peut imaginer l'anxiété que cause à Marguerite l'état de Louis. Blanche n'est pas moins angoissée. Elle voit se renouveler le drame qu'elle a vécu seize ans auparavant. Pour une fois, les deux femmes sont sur la même longueur d'onde. La situation affole les conseillers. Se méfiant de Marguerite, tant sur le plan politique que sur celui de leur avenir, ils forcent la malheureuse, déjà accablée, à jurer solennellement en l'abbatiale de Saint-Germain-des-Prés, en présence des évêques de Paris et de Senlis et des abbés de Saint-Denis, de ne pas faire opposition aux dispositions que le roi prendrait dans son testament.

Enfin, bonne nouvelle, le roi va mieux. Il a vu la mort en face et il ne l'oubliera jamais. Il n'est pas suffisamment rétabli et son armée en trop mauvais état pour songer à reprendre la campagne. En septembre, au grand soulagement de Marguerite, il regagne l'Île-de-France.

Henri III est toujours à Bordeaux où l'a rejoint Éléonore. Il aurait pu profiter de l'état du roi de France pour reprendre les armes. Mais la victoire de Louis a dispersé les forces anglaises et les nouvelles d'Angleterre sont mauvaises : autant de raisons de se résigner à conclure une trêve. Il la signe au printemps 1243 avant de se rembarquer en octobre pour l'Angleterre

L'échec du roi d'Angleterre a rendu toute sa force à l'autorité royale en France. L'un après l'autre, les barons et les principales villes du Midi ont fait leur soumission. Raymond de Toulouse a imploré « sa bonne cousine » et Blanche, qui est pour lui toute indulgence, a plaidé sa cause auprès du roi. Raymond VII est venu renouveler à Lorris, en 1243, le traité de Meaux. Il a juré de respecter désormais son serment de ne pas se remarier, serment qu'il avait rompu en tentant d'épouser Sanche de Provence.

Les mariages de Sanche de Provence

Romée de Villeneuve avait en effet convaincu Raimond Bérenger d'accorder Sanche à Raymond VII de Toulouse pour sceller une réconciliation nécessaire, car il fallait mettre fin à une rivalité dangereuse pour la Provence et opposer un front méridional aux éventuelles ambitions de la France.

Pour sensé qu'il paraissait, ce plan l'était peu en réalité : le comte de Toulouse était déjà marié et, qui plus est, à la sœur du roi d'Aragon ! Mais la tante de Raimond Bérenger n'était plus d'âge à donner à Toulouse l'héritier dont son comte rêvait pour ruiner les espérances d'Alphonse de Poitiers et du roi de France. Romée alla en Aragon plaider avec succès la cause de Toulouse et de là partit pour Rome afin d'obtenir du pape l'annulation du premier mariage.

Il n'arriva jamais dans la *Ville éternelle*. Embarqué sur l'un des navires chargés de prélats se rendant au concile décidé par Grégoire IX pour destituer son ennemi l'empereur, il put s'estimer heureux d'avoir échappé de justesse au piège préparé entre deux îles par Frédéric II qui barrait toutes les routes maritimes et terrestres. Nombre de prélats y trouvèrent la mort ; les autres tombèrent captifs aux mains des Pisans. Une éprouvante odyssée ramena le conseiller du comte en Provence, les mains vides.

Toutes les communications étant coupées avec Rome, le pape et l'empereur campant sur leurs positions, on jugea à Toulouse comme en Provence que ce cas de force majeure autorisait à conclure l'union, sous réserve d'une validation ultérieure, validation qui ne faisait pas de doute. On procéda donc au mariage par procuration à Aix, le 11 août 1241.

Quelques jours plus tard, Grégoire IX rendait son âme coléreuse. Son successeur, sans doute victime des effroyables conditions matérielles dans lesquelles s'était déroulé le conclave, le suivit après dix-sept jours de règne. Il avait eu cependant le temps de refuser l'annulation du premier mariage du comte.

L'interrègne se prolongeait et le mariage à Aix était encore lettre morte quand Éléonore, alors à Bordeaux, songea à l'enterrer tout à fait, invitant Marguerite à appuyer le projet qu'elle a conçu de marier leur jeune sœur à Richard de Cornouailles, son beau-frère devenu opportunément veuf.

Les deux jeunes reines que les récentes hostilités n'ont pas réussi à séparer sont plus proches que jamais, unies dans la cruelle déception et la fureur causées, à toutes deux, par le testament de leur père, rédigé en 1238, qui privilégiait leur sœur Béatrice en la déclarant seule héritière des comtés de Provence et de Forcalquier. Les deux aînées devraient se contenter de leur dot.

Rude coup pour Marguerite qui espérait bien, en tant qu'aînée, recevoir le principal de cet héritage, dont Éléonore comptait sur une partie. Or, comble de disgrâce, dans l'ordre de la succession, le comte favorisait « tout ce qui naîtrait de Béatrice ». Si celle-ci disparaissait sans héritier mâle, l'héritage reviendrait au fils aîné de Sanche et, à défaut, aux filles de Béatrice. Dans la dernière hypothèse où aucune de ces dernières ne serait en mesure d'assurer la succession, le roi Jayme d'Aragon la recueillerait et après lui l'un de ses fils.

Le comte de Provence ne pouvait plus fortement exprimer sa volonté d'écarter la France et l'Angleterre de la Provence ! On comprend mieux pourquoi Éléonore souhaite le mariage anglais de Sanche et pourquoi Marguerite le considère comme un bien : tant de liens familiaux finiraient par inciter Louis à se rapprocher de l'Angleterre. Les conseillers royaux ne s'y trompent pas et, redoutant son influence sur le roi qui l'aimait tant, traitent Marguerite en « ennemie ».

Louis ne se montre pas foncièrement hostile au rapprochement avec l'Angleterre, en dépit de sa mère et des conseillers qui veulent le voir poursuivre la politique de Philippe Auguste. Il a certes humilié Henri III à Taillebourg et à Saintes mais, déjà animé de cette soif de justice qu'il manifestera haut et fort plus tard, il est sourdement atteint de scrupules : son aïeul n'a-t-il pas été trop loin dans sa mainmise sur les possessions anglaises ? Certes, Louis ne peut regretter l'extension du royaume de France ni se refuser à le défendre de toutes ses forces ; mais il peut au moins, au prix de quelques concessions, travailler à la paix à laquelle l'incitent des liens familiaux que Marguerite lui fait valoir.

Cependant, si Louis accepte d'écouter Marguerite quant à l'union de Sanche et du frère du roi d'Angleterre, ce n'est pas pour les beaux yeux d'une épouse tendrement aimée. Ce projet a un côté positif : il empêchera l'étroite association des deux comtes, danger potentiel pour la France, et interdira une nouvelle alliance anglaise avec l'empire, alliance récemment refroidie par la disparition d'Isabelle d'Angleterre, l'épouse de Frédéric II. Richard de Cornouailles pourrait en effet songer à la ranimer en cherchant femme parmi les princesses impériales. La situation serait pire encore si le frère du roi d'Angleterre jetait son dévolu sur Béatrice, l'héritière de la Provence !

Se dessinent à cette occasion les possibilités et les limites de l'influence de Marguerite de Provence concernant la politique de la France : Louis IX écoute sa femme dans la mesure où elle sert ce qu'il estime être l'intérêt du royaume.

Le comte de Provence, sollicité par Marguerite et Éléonore, avait déjà compris qu'il n'avait plus rien à attendre du comte de Toulouse, enchaîné plus que jamais aux Capétiens. Mieux valait jouer la carte anglaise. De plus, donner Sanche protégeait Béatrice dont il espérait bien qu'elle assurerait l'indépendance de la Provence.

Peu après la trêve signée avec Henri III, les pourparlers concernant l'union de Sanche et de Richard de Cornouailles s'engagent lors du séjour à Paris de la comtesse de Provence venue, accompagnée de Sanche, pour assister au mariage de son frère, Thomas de Savoie, et de la comtesse de Flandre [1], célébré à la cour de France où vit la comtesse.

1. Nièce de Philippe Auguste, cousine de Louis VIII, veuve de Ferrand du Portugal. L'ambitieux Simon de Montfort avait sollicité sa main, malgré leur différence d'âge. Pour le consoler de sa double déconvenue, Henri III le mariera à sa sœur Aliénor.

Ce mariage est l'œuvre de Blanche de Castille. Elle l'a imposé à Jeanne de Flandre comme jadis elle a imposé celui de la comtesse de Bretagne à Alphonse le Neveu, coupant ainsi pour la seconde fois la route de l'ambitieux Simon de Montfort et pour les mêmes raisons : protéger le royaume des agissements d'un allié de l'Angleterre.

L'invitation faite à la comtesse de Provence a officiellement pour but de permettre à Marguerite de revoir sa mère après neuf ans de séparation, et à Béatrix de Savoie de serrer entre ses bras ses deux premières petites-filles. En réalité, il s'agissait d'affirmer les liens de la France et de la Provence à l'heure où l'on parlait du mariage anglais de la troisième fille du comte. La mère de Marguerite est reçue à la cour de France avec éclat et comblée d'honneurs.

Après un séjour trop court au gré de Marguerite, Béatrix de Savoie se dispose à conduire Sanche en Angleterre. Thomas de Savoie a en effet mené avec succès les négociations du mariage de sa nièce. Il en a été chargé comme familier de la cour d'Angleterre où il demeurait avec ses trois frères depuis le mariage de leur nièce Éléonore. Contrairement à Blanche de Castille qui s'était hâtée de se débarrasser des Provençaux venus avec Marguerite, le faible Henri III, incapable de résister à la volonté et aux caprices de son épouse, les a accueillis et comblés de bienfaits. Si Guillaume de Savoie a en vain brigué l'évêché de Winchester, Boniface est devenu archevêque de Canterbury et Pierre, fait comte de Richmond [1], a bâti à Londres un magnifique manoir, le *Savoy*, dont le souvenir perdure encore. Quant à Thomas, jusqu'à ce que son mariage avec Jeanne de Flandre le ramène en France, il a mené la grande vie à Windsor, en compagnie d'une suite si nombreuse que le château en paraissait petit !

La comtesse de Provence, étroitement associée à la politique de son époux, est soucieuse de remplir la mission que le couple

1. Le fief auquel le comte de Bretagne dut renoncer lors de sa soumission au roi de France.

comtal juge capitale : entretenir une égalité de traitement entre les deux alliances provençales. Au séjour à la cour de France doit répondre un séjour à la cour de Londres. Néanmoins ce dernier sera beaucoup plus long. Non seulement parce que Béatrix de Savoie en retirait de substantiels bénéfices, dus à la générosité d'Henri III qui ne refuse rien à Éléonore, mais parce que les excès de cette dernière lui causaient de grands soucis et qu'elle croyait pouvoir lui faire entendre raison.

On ne saurait imaginer deux sœurs plus différentes que Marguerite et Éléonore. Leurs natures n'étaient pas seules en cause. Mariées toutes deux au sortir de l'enfance, à un âge encore malléable, l'une dont on louait le sérieux et la bonté bénéficiait de l'influence d'un futur saint à ses côtés, l'autre, tombée dans une cour détestable, poursuivait dans un luxe insensé une folle existence. Éléonore danse sur un volcan ! L'orgueil de leur jeune reine heurte les grands barons anglais ; sa dureté humilie le peuple qui crie misère. Elle se fait détester de tous en raison de ses caprices, de ses dépenses effrénées qui menaient l'Angleterre à la ruine. Béatrix de Savoie tentera vainement de la mettre en garde contre une révolte qu'elle prévoit inévitable.

L'inquiétude que lui cause Éléonore se double de celle que lui provoque la triste existence de Sanche, humiliée et délaissée dès après les noces par un époux débauché, jouisseur et cynique. Sanche, la douce et timide Sanche, « ne fait pas le poids ». Fuyant la cour corrompue, elle ne tardera pas à se réfugier dans un des châteaux de Cornouailles au climat éprouvant pour sa fragilité – autre angoisse pour sa mère –, avec pour seul dérivatif l'affection passionnée de son beau-fils [1], à peine moins âgé qu'elle, mais dans lequel elle affectera toujours de ne voir qu'un frère aîné pour le petit Edmond, son unique enfant.

De son séjour en Angleterre, Béatrix de Savoie retirera la conviction bien fondée qu'en dépit d'une belle-mère redoutable, Marguerite est mieux lotie que ses cadettes.

1. Henry d'Almaine, fils de Richard de Cornouailles et d'Isabelle de Pembroke.

V

1244, LE GRAND TOURNANT

Naissance de Louis de France

25 février 1244, jour faste entre tous pour Marguerite ! Les cloches de toutes les églises du royaume se déchaînent pour annoncer la joyeuse nouvelle : il est né le petit prince, l'héritier du royaume de France !

Ce premier fils prénommé Louis vient combler Marguerite, fortifier la foi du roi, adoucir le deuil récent du couple douloureusement affecté par la mort de la petite Blanche.

Quoi qu'on en ait écrit, la mortalité enfantine, si fréquente à cette époque, ne rencontrait pas indifférence mais résignation : « Dieu nous l'a donné, Dieu nous l'a repris, que Sa volonté soit faite. » Cela n'empêchait pas la douleur de la séparation. Marguerite et Louis seront très proches de leurs enfants, filles ou garçons, et ce dès leur petite enfance. Louis lisant ou racontant quelque histoire à sa progéniture réunie le soir autour de lui n'est pas une enluminure édifiante mais une scène familière, où tout père attentif et aimant se reconnaît.

Comme une dernière manifestation de son autorité, Blanche de Castille a organisé un pèlerinage d'actions de grâces pour cette naissance. Le 1er mai 1244, elle prend avec ses quatre fils, sa fille, ses belles-filles et son neveu Alphonse, la route de Notre-Dame de Rocamadour, le sanctuaire de la Vierge Noire dominant la falaise crayeuse du fantastique canyon de l'Alzou.

C'est un immense événement que ce premier pèlerinage royal. Outre sa manifestation spirituelle, il affirme que la famille royale tout entière peut traverser pacifiquement ce Languedoc naguère brûlant. Il est comme un point d'orgue au prestige, à la puissance du roi de France pour lesquels sa mère a tant œuvré.

On aimerait néanmoins savoir les pensées de Marguerite. Se souvient-elle des cris de douleur et de haine que les réfugiés occitans, fuyant les horreurs de la croisade albigeoise, ont fait retentir à la cour provençale ? Et quelle fut sa réaction, un mois après la naissance de son fils, à l'annonce de la chute de Montségur, assiégée par dix mille hommes sous la bannière du sénéchal royal de Carcassonne ? Alors que son père s'est refusé à participer aux croisades contre les Cathares et leurs partisans, peut-elle approuver – élevée dans cette tolérance – le gigantesque bûcher dressé au pied de la montagne, où brûlèrent vifs deux cent dix de ces hérétiques repoussant toute compromission ? A-t-elle dissimulé son horreur, pour ne pas contrarier son époux, ou franche et spontanée comme l'est sa nature, lui a-t-elle reproché ce crime ? Ou encore savait-elle que Louis aurait été impuissant à l'empêcher ?

Il convient de faire justice à cette réputation de « massacreur » encore entretenue en Occitanie par les irréductibles détracteurs de Saint Louis [1]. Les bûchers étaient le fait des seuls Inquisiteurs, ces frères prêcheurs dont les excès trahissaient, comme René Nelli l'a montré, les intentions de saint Dominique [2], leur fondateur. Le roi de France était tenu de

1. Voir, Borzeix, Pautal et Serbat, *Louis IX alias Saint Louis et l'Occitanie*.

2. L'Inquisition ne fut organisée et confiée aux Dominicains qu'en 1232. Saint Dominique était mort depuis onze ans.

mettre les sénéchaux royaux à la disposition des Dominicains dans leur chasse aux hérétiques ; mais c'est au tribunal de l'Inquisition qu'appartenaient jugements et condamnations, sans avoir, détail capital, à rendre de comptes à personne, sinon à Rome.

Certes, fils de Louis VIII le Lion, Louis IX, à la double nature pacifique et violente, pourfendra plus tard, sans état d'âme, « l'Infidèle » dans une guerre dite sainte. « On ne doit défendre la foi, déclarera-t-il, sinon avec l'épée dont le Chrétien doit donner dans le ventre autant qu'elle peut y entrer. »

Terrible, horrible profession de foi, mais elle ne doit pas faire oublier que les *Instructions à son fils,* rédigées par le roi à la veille du départ pour son ultime croisade, loin de recommander de sanglantes répressions, conseillent au futur Philippe le Hardi de seulement bannir les hérétiques hors de France.

C'est en effet en tant que rebelles, fauteurs de troubles, que Louis condamne les Cathares et leurs partisans. Montségur, d'où sont descendus les assassins des trois Inquisiteurs qui parcouraient le Languedoc, était tenue par un de ses vassaux, Pierre-Roger de Mirepoix. Quelles que soient son origine, ses raisons, sa justification, une révolte demeure une révolte aux yeux du pouvoir qui se doit de la juguler. Marguerite, reine de France, pouvait le comprendre, voire l'admettre.

Louis IX aux portes de la mort

1244, qui, en février, a apporté à Marguerite la joie de la naissance de son fils, va, en décembre, la plonger dans la pire des angoisses : Louis, mal remis de la dysenterie qui a terrassé l'armée après les victoires de Taillebourg et de Saintes, est de nouveau gravement malade. Les médecins se déclarent impuissants à le sauver. Tout le royaume est en prière. Les processions se succèdent. En vain.

La vie et la mort se côtoient : Marguerite est enceinte, Louis à l'agonie. Couché sur un lit de cendres, comme il l'a exigé, le roi a rassemblé ses dernières forces pour prononcer ses ultimes paroles : « Voyez-moi, j'étais l'homme le plus riche, le plus noble, le plus puissant de tous par mon trésor, mon pouvoir, mes amis et voilà que je ne peux arracher à la mort une trêve, à cette maladie une heure. Que vaut tout cela ? »

Pudeur, détachement ou conviction de la vanité de toutes choses, il n'a pas fait mention du bonheur que lui a donné Marguerite, dix ans durant. À moins que cette scène et les paroles qu'il aurait prononcées ne fassent partie de la légende dorée du saint, comme la scène de sa « résurrection ». Au moment où, le croyant mort, raconte-t-on, la femme qui le veillait allait couvrir son visage, le roi aurait articulé, d'une voix sourde comme s'il fut sorti du sépulcre : « Il m'a visité par la grâce de Dieu, Celui qui se lève d'en haut, et il m'a rappelé d'entre les morts. »

Il reste que, contre toute attente, la joie succède à la consternation. Le 23 décembre, la famille royale, entourée des Parisiens venus en foule, prie à Saint-Denis pour le complet rétablissement du roi, et le 25 – alléluia ! – les médecins le déclarent guéri.

Le vœu du roi

Louis est sauvé, mais sa mère « mène un aussi grand deuil que s'il était mort », racontera plus tard le roi à Joinville. Le vœu qu'il a formulé à sa « résurrection » de prendre la croix pour la délivrance de Jérusalem a terrassé Blanche de Castille. Une folie ! Comment d'une santé aussi fragile son fils pourrait-il supporter une telle expédition ? Elle le voit déjà expirant loin d'elle, sous le ciel brûlant de Palestine. Elle lutte pied à pied avec des larmes et des supplications pour le détourner de ce projet. Elle n'est pas la seule. Selon Mathieu Paris, « le seigneur Roi de France se vit véhémentement repris et presque acculé par les seigneurs du royaume parce qu'il se refusait à se racheter de son vœu où à le commuer comme ils l'invitaient à le faire ».

L'évêque de Paris, Guillaume d'Auvergne, intervint à la prière de Blanche pour lui dépeindre le pauvre royaume abandonné sans protection à ses ennemis extérieurs et intérieurs qui ne manqueraient pas de profiter de son absence. Devant l'indifférence de Louis à ces arguments, l'évêque affirme que d'ailleurs un tel vœu formulé alors que le roi était « privé de ses forces et pour tout dire de son esprit » n'est pas valable. Le pape ne manquerait pas de l'en relever, dit-il avec force.

La réaction de Louis est immédiatc : « Ainsi, à vous entendre, c'est à l'affaiblissement de mon esprit qu'a été due ma prise de croix ; fort bien, je vous résigne ma croix ! » Et d'en arracher l'emblème de son épaule : « Sire évêque, voici la croix que j'avais prise ; je vous la rends de mon plein gré. »

Alors que tous les assistants, n'en croyant pas leurs yeux, témoignent de leur joie, raconte Mathieu Paris, il reprit, changeant de visage et de ton : « Mes amis, vous conviendrez bien que maintenant je ne suis pas hors de sens, ni incapable d'une volonté libre, ni infirme. Or je demande qu'on me rende ma croix. Celui qui sait tout m'est témoin que je n'accepterai aucune nourriture tant que je ne l'aurai pas reprise. »

Il n'est pas fait mention de Marguerite dans cette scène dramatique ni dans aucune des batailles qui l'ont précédée. On gage que, confidente de Louis, elle fut la première au courant de son projet. Elle le connaissait trop pour imaginer pouvoir l'en détourner : jamais Louis ne revenait sur une décision, à plus forte raison s'il avait la conviction de répondre à une inspiration divine. Or, pour expliquer le vœu du roi, le bruit courait que, au cours de sa maladie, il avait eu une vision miraculeuse des malheurs de la Terre sainte, alors qu'à cette date on n'avait pas encore connaissance des terribles nouvelles provenant d'Orient.

On apprit seulement en janvier le déferlement sur la Syrie musulmane des Turcs, répondant à l'appel du sultan d'Égypte en lutte avec Damas alliée à Tripoli. Après s'être emparés, en août 1244, de Jérusalem, avoir pillé la ville et massacré ses habitants, les envahisseurs s'étaient livrés à un carnage pis encore en octobre, près de Gaza où l'armée franque s'était jointe à ses alliés musulmans. Il ne restait plus qu'une poignée de combattants pour défendre toute la Syrie franque.

En fait, la décision prise par Louis de se croiser vint au terme d'un long cheminement dont Marguerite, *non domina nec serva sed socia*, fut le témoin privilégié, sans prévoir toutefois où il aboutirait.

Louis n'était plus le même depuis que, donnant la primauté à ses devoirs envers le royaume, principe inculqué par sa mère, il avait laissé, en 1239, partir ses barons en croisade. Ne pas partager leurs souffrances, leurs périls mortels et leur gloire lui conférait peut-être un sourd sentiment de frustration, voire de culpabilité.

Suffisait-il, comme il l'avait fait, de dépenser sans compter pour constituer une armée, autoriser le départ de ses meilleurs barons et chevaliers, et de participer à l'expédition en effigie ? Où résidait le vrai devoir ? Celui du roi au service du royaume ne devait-il pas s'incliner devant celui du chrétien au service de Dieu ?

Tel était le problème posé à Louis, roi de France. Louis de Poissy l'avait tranché : le roi irait là où Dieu l'appelait. En Terre sainte.

Quels que soient alors les sentiments véritables de Marguerite à ce sujet, car sa foi, quoique réelle, ne dépasse pas celle du chrétien ordinaire, la perspective de ce départ lui offre de quoi compenser ses craintes : Louis ne la laissera pas en arrière, à la merci de Blanche chargée de la régence. C'est l'assurance de longs mois où rien ni personne ne viendra interférer entre elle et son époux. La liberté !

Rien ne dit que Louis, consciemment ou non, n'est pas animé du même désir. Remettre le souci du gouvernement à sa mère, c'est enfin se consacrer à ses véritables et lancinantes préoccupations spirituelles.

On ne peut résister à imaginer le sourire intérieur de Marguerite assistant au coup de théâtre ménagé par Louis, car il consommait la défaite de sa belle-mère détestée. En dépit de la gravité de l'enjeu, c'était là comme un bon tour que le roi, volontiers malicieux, jouait à l'assistance abasourdie. Ce ne sera pas le dernier. Il imaginera un pieux stratagème dont ses chevaliers feront les frais le jour de Noël 1245.

Il les a réunis à l'aube pour entendre la messe, revêtus de la chape qu'il leur a fait remettre pendant la nuit, présent royal traditionnel pour les assemblées de Noël. Ces chapes de drap précieux fourré de vair ont été en secret brodées d'une croix d'orfroi [1] très fin. Les chevalicrs nc s'en aperçoivent qu'en la voyant sur l'épaule de leurs voisins ! Ces croisés malgré eux, beaux joueurs, suivront tous le roi en Terre sainte.

Ce ne sera pas le cas des souverains européens auxquels, sans tarder, Louis a fait part de son vœu en sollicitant leur participation à l'expédition. Tous se sont dérobés, le roi d'Angleterre et son frère faute d'argent, ceux de Castille et d'Aragon absorbés par la *Reconquista* de l'Espagne, celui du Portugal en raison des troubles qui allaient aboutir à sa déposition.

Le pape et l'empereur

Frédéric de Hohenstaufen brûle, lui, d'accourir au secours de Jérusalem et d'y récupérer son trône [2]. Mais la « Guerre des deux Glaives » opposant la Papauté et l'Empire est à son paroxysme, et excommunié, frappé d'interdit, l'empereur ne peut débarquer en Terre sainte. Tous ses efforts et ceux du roi de France, qui ne supporte pas de le voir inscrit sur la liste des proscrits, restent vains.

---

1. Sorte de galon que l'on utilise aujourd'hui comme parement pour les chasubles et autres ornements d'église.
2. Rappelons que Frédéric II s'était fait couronner roi de Jérusalem en détrônant Jean de Brienne dont il avait épousé la fille et héritière, mais qu'exaspérés par son despotisme, les barons francs avaient chassé les Impériaux qu'il avait partout imposés.

Le Jeudi saint 1244, on croira cependant à une paix possible, car Frédéric II était prêt à tout sacrifier de ses acquis et de ses projets en Italie et l'a fait savoir au pape par l'intermédiaire du roi de France.

Deux jours plus tard, les émissaires impériaux, arrivés au lieu de rendez-vous fixé par le pape pour la ratification d'un accord, constatent avec stupeur la dérobade d'Innocent IV. Prétendant sa vie menacée par l'empereur, le pontife a fui l'Italie sous un déguisement. Il s'est réfugié à Lyon, sous la protection de l'archevêque du lieu, Philippe de Savoie, un oncle de Marguerite [1], et il y a convoqué un concile destiné à déposer l'empereur.

Si Louis s'oppose à ce que Frédéric II attente à la vie du pape, il condamne hautement les abus de pouvoir temporel d'Innocent IV et s'élève contre la déposition de l'empereur, n'hésitant pas à déclarer, en plein concile : « Tout monarque est sur son trône en vertu du Droit divin, et le Droit divin est supérieur au Droit apostolique. »

L'intransigeance du pontife le scandalise. Innocent IV, selon lui, devrait seulement se soucier de rassembler toutes les forces pour délivrer Jérusalem et parer au péril mongol.

Louis ne veut pas se résigner à l'exclusion de Frédéric II. Il décide de tenter un dernier assaut à Cluny, en novembre 1245, au rendez-vous fixé par le pape pour célébrer la Saint-André et prendre des dispositions pour la croisade. Les dimensions de l'abbaye de Cluny, la plus grande de France, se prêtent à cette réunion exceptionnelle de cardinaux, d'évêques et d'archevêques auxquels se joindront les patriarches d'Antioche et de Constantinople.

Louis arrive à Cluny avec toute la famille royale et de nombreux nobles de son entourage, escorté d'un impressionnant appareil militaire, destiné peut-être à dissuader l'empereur, mais qu'il va utiliser pour une tout autre fin. Car si, dans les

---

1. Lyon était une enclave impériale, mais le puissant archevêque Philippe de Savoie y détenait toute l'autorité.

entretiens secrets qu'il tient avec le pape en présence des seuls Blanche de Castille et Robert d'Artois, le roi n'emporte pas ce qu'il espérait : la fin de la « Guerre des deux Glaives », il y recueille un fruit juteux pour les Capétiens et bien amer pour Marguerite : le mariage de Charles d'Anjou et de Béatrice de Provence.

VI

1245, AMÈRE ANNÉE POUR MARGUERITE ET LA PROVENCE

La mort du comte de Provence

Trois mois avant la réunion de Cluny, s'achevait prématurément le plus grand règne et le plus fécond que la Provence eût jamais connu : Raimond Bérenger V disparaissait avant même d'avoir atteint ses quarante ans. Le chagrin de Marguerite se teintait cependant d'amertume, car son père n'avait en rien modifié le testament de 1238 déclarant Béatrice héritière de la Provence et, malgré ses prières, Louis, respectueux de la volonté du défunt comte, refusait d'intervenir dans le comté pour imposer son droit d'aînesse.

Béatrice n'ayant que onze ans, sa mère a pris soin sans tarder de faire garantir ses droits héréditaires par le baile d'Aix assisté des chevaliers et des prud'hommes de la capitale. Celui-ci s'était engagé à ne pas laisser maricr la petite comtesse sans le consentement de Béatrix de Savoie.

Or, peu avant de disparaître, le comte de Provence s'était réconcilié avec celui de Toulouse et, selon leurs accords, le comte de Toulouse devait épouser Béatrice. Mais le pape avait fait traîner les dispenses nécessaires. Quoiqu'il eût accordé à

Raymond VII la levée de son excommunication, ce dernier demeurait suspect à ses yeux en raison de sa longue entente avec l'empereur.

Innocent IV ne considérait pas plus favorablement aucune autre des candidatures immédiatement suscitées par la disparition du comte. L'empereur, voyant dans l'union de Béatrice et de son fils Conrad le moyen de s'emparer du comté, a envoyé une flotte croiser devant Marseille pour appuyer sa demande, tandis que le roi d'Aragon, surnommé le Conquérant, sollicitant Béatrice pour le sien, campait devant Aix avec une troupe armée.

Pour soustraire la petite comtesse à la menace que faisait peser le roi d'Aragon, Romée de Villeneuve l'avait conduite secrètement au château de Saint-Maime. C'était négliger les seigneurs de Provence. Réunis par Guillaume de Sabran dont le château était voisin, ils s'apprêtaient à l'enlever et à exiger qu'elle épouse l'un d'entre eux pour écarter de la Provence toute domination étrangère. L'enlèvement devait donner le signal d'un soulèvement général du comté. Le complot fut par bonheur éventé.

On comprend mieux alors qu'Innocent IV, Louis et Blanche de Castille se soient entendus à Cluny pour intervenir sans plus tarder et décider l'union de Charles d'Anjou et de Béatrice, causant à Marguerite, tenue en dehors des négociations, un véritable choc.

Bien qu'elle s'efforce de le dissimuler de crainte de peiner son époux, Marguerite n'aime pas son jeune beau-frère pour qui Louis est tout indulgence. Ils sont pourtant si différents qu'on a du mal à les croire frères. Tout affiche en Charles son ascendance castillane : ses cheveux noirs, son teint sombre, son caractère ombrageux, son port arrogant. Renfermé, peu loquace, on le dit dur et ambitieux, tout ce que n'est pas Louis, et rien en lui n'est fait pour plaire à Marguerite. Le rôle maternel qu'elle a assumé auprès de Charles d'Anjou, dans son enfance, n'a été qu'une suite d'affrontements et les circonstances vont faire qu'ils se mueront un jour en franche inimitié.

L'union de Charles et de Béatrice s'est décidée à Cluny. Il importait néanmoins de convaincre Béatrix de Savoie de la proposer afin d'écarter tout soupçon de coup de force. Romée de Villeneuve s'en est chargé. La réponse permet à Charles d'aller quérir sa fiancée à Saint-Maime.

Le mariage de Béatrice, comtesse de Provence

Le comte d'Anjou n'est pas le roi dont la petite fille ambitieuse qu'est Béatrice a rêvé, car elle enviait le trône de ses sœurs aînées, mais il était tout de même d'ascendance royale et elle ne fut sûrement pas fâchée de voir le vieux comte de Toulouse écarté au profit d'un époux qu'on lui disait jeune et superbe ! Elle pourra bientôt en juger, car il arrive à marches forcées, à la tête de l'imposant corps d'armée que le roi a amené à Cluny.

Ce fut un jeu, pour Charles, de déloger d'Aix le roi d'Aragon, de dissuader en route l'envoyé de Raymond de Toulouse dépêché à Béatrix de Savoie pour obtenir qu'elle respecte l'accord pris avec son époux. Il déferle dans la plaine de Mane avec ses cent chevaliers aux hauberts étincelants, son corps de cent hommes armés de glaives, et sa centaine d'arbalétriers.

Si Béatrice trépigne d'impatience, les Provençaux sont consternés. Ils prévoient le pire :

Au lieu d'un brave seigneur
Les Provençaux auront un Sire
On ne leur laissera plus bâtir ni tours ni castels
Sous le joug des Français, ils ne porteront plus ni lances
[ni écus
Mieux vaut la mort que d'être réduit à cet état...

Le temps s'est mis à l'unisson. La neige de décembre enlise les chariots et rompt traîtreusement les jambes des chevaux dans les ornières de ce sol inconnu que foulent ces maudits étrangers. Le vent souffle en rafales, rabattant les étendards orgueilleux du comte d'Anjou, mais il est impuissant à empêcher le frère du roi de France et la petite comtesse de Provence d'échanger leur consentement sur le seuil de la chapelle Sainte-Agathe. À présent, rien ni personne, sauf le pape, et il n'y songe assurément pas, ne pourra empêcher la célébration du mariage et sa consommation le 31 janvier suivant, à Paris.

Charles d'Anjou se plaindra que ses fêtes nuptiales n'aient pas eu le même faste que celles de Sens pour le mariage de son frère ! Faut-il voir dans cette « économie » la volonté de Marguerite ? Aucunement attachée affectivement à cette sœur qu'elle n'a connue qu'au berceau, et avec toutes les raisons de se sentir spoliée du titre que la jeune comtesse de Provence arbore avec orgueil, la présence de Béatrice à la cour lui est insupportable. Elle en oublie sa bonté naturelle et on dit que la petite épouse de son beau-frère fait souvent les frais de son acrimonie.

DEUXIÈME PARTIE :

1248-1254

I

EN ROUTE POUR LA CROISADE

12 juin 1248

Nu-pieds, vêtus en pèlerins, Louis et ses deux frères reçoivent à Saint-Denis, des mains du légat pontifical, l'oriflamme, l'écharpe et le bourdon.

La préparation de la croisade a mobilisé durant quatre ans tous les esprits et les énergies du royaume, sous l'impulsion du roi résolu à ce qu'elle soit un succès dédié à la seule gloire de Dieu.

Quatre ans, un temps record pour mettre sur pied une armée conséquente et bien équipée, garantir son transport par mer, impliquant l'armement d'une flotte et des négociations avec Génois et Pisans pour utiliser la leur, et enfin assurer le ravitaillement et le financement d'une expédition dont la durée est imprévisible.

Le roi et ses conseillers se sont révélé des organisateurs hors pair dans ces préparatifs d'une ampleur sans précédent. Marguerite a participé à sa manière à l'effort général, en souffrant les restrictions apportées par Louis à leur train de vie et qu'il soustrait souvent de ses propres revenus autant d'argent qu'il le pouvait, justifiant par son exemple la pression exercée sur le clergé et les bourgeois des villes pour pallier l'insuffisance du Trésor.

Aujourd'hui, 12 juin 1248, tout est prêt, et les esprits, à Saint-Denis, sont tournés vers la seule prière. Après-demain, ce sera au tour de Marguerite, de Béatrice et de Mahaut, la femme de Robert d'Artois, de recevoir l'écharpe et le bourdon.

Elles sont les seules épouses admises à la croisade, au grand dam des autres pèlerins qui comprennent mal cette faveur. Louis en sera conscient. Non seulement il observera une grande discrétion dans sa conduite envers Marguerite, jusqu'à se retenir d'aller l'accueillir après une longue séparation (ce qui sera interprété par certains comme une indifférence, voire une désaffection), mais, rompant avec son intolérance des « désordres de la chair », il souffrira la présence de « folles femmes », dans le camp de Damiette, à proximité même de sa tente.

Une déchirante séparation

À l'issue des cérémonies, le roi a levé l'oriflamme, signe de la mise en marche de la croisade. La foule qui l'a accompagné à Saint-Denis se disperse à sa demande, en larmes. « Mais, écrit le Ménestrel de Reims, la reine sa mère demeura avec lui, et le convoya trois journées malgré le roi. Alors il lui dit : "Belle, très douce mère, par cette foi que vous me devez, retournez désormais. Je vous laisse mes trois enfants à garder, Louis, Philippe et Isabelle ; et vous laisse à gouverner le royaume de France ; et je sais qu'ils seront bien gardés et le royaume bien gouverné." Alors lui répondit la reine en pleurant : "Beau, très doux fils, comment sera-ce que mon cœur pourra souffrir le départ de moi et de vous ? Certes, il sera plus dur que pierre s'il ne se fend en deux moitiés ; car vous m'avez été le meilleur des fils qui fut jamais à sa mère." À ces mots elle tomba pâmée ; et le roi la redressa et la baisa et prit congé d'elle en pleurant ; et les frères du roi et leurs femmes prirent congé d'elle en pleurant. »

Marguerite pleure, gagnée par l'ambiance de ces adieux déchirants mais surtout en raison de la douleur évidente que cause à Louis cette séparation. En 1253, à Sidon, elle pleurera aussi à la mort de cette belle-mère qu'elle ne pouvait pourtant pas regretter. Elle s'en expliquera franchement avec Joinville qui s'en étonnait : « "C'était la femme que vous haïssiez le plus qui est morte, et vous en manifestez une telle douleur !" Et elle me dit que ce n'était pas pour la reine qu'elle pleurait mais pour la souffrance qu'avait le roi, de la douleur qu'il manifestait, et pour sa fille qui était restée à la garde des hommes. »

Tendre, sensible, spontanée et franche, telle est Marguerite. On ne peut que regretter l'hostilité de Blanche à son égard. Moins de dureté chez sa belle-mère aurait évité le raidissement politique de la jeune reine qui, plus affective qu'intelligente, trouvait compréhension et réconfort dans ses rapports avec sa sœur Éléonore. Cela inévitablement entraîna ses efforts pour convaincre le roi de rapprocher la France de l'Angleterre.

La séparation de Louis et de sa mère eut lieu à Corbeil. Ils ne devaient plus jamais se revoir. Blanche, au cours de ces ultimes adieux, aurait crié avant de s'évanouir : « Hélas, beau fils, je ne vous verrai plus en cette vie mortelle. » Redoutait-elle la mort de son fils ou pressentait-elle la sienne ?

La traversée de la France

Le cheminement de l'armée et du cortège royal vers la mer est d'une lenteur exceptionnelle. Le roi prie dans toutes les églises du passage et, s'écartant de la route, s'arrête dans toutes les abbayes ou ermitages les plus éloignés pour solliciter les prières des religieux. Il s'y rend accompagné de Robert et de Charles. On ne mentionne pas Marguerite dans ces démarches pieuses. Ces lieux où Louis s'attarde et partage le repas des moines sont inaccessibles aux femmes. Marguerite ne s'en affecte pas, habituée qu'elle était à ce que Louis s'évade de l'hôtel royal pour une retraite de quelques jours (à Royaumont, on a aménagé une chambre pour lui dès la construction du monastère). De même, mettant cette habitude sur le compte de sa forte éducation religieuse, elle ne s'inquiétait pas de le voir quitter à l'aube son lit pour aller prier à la chapelle. Elle se rendormait.

Avant de descendre le Rhône, Louis a eu une longue entrevue avec le pape qui lui a accordé une absolution plénière, mais le religieux Louis de Poissy n'oublie pas les préoccupations du roi Louis IX : il a obtenu d'Innocent IV la promesse d'intervenir avec énergie au cas où l'Angleterre attaquerait le royaume. Il a même tenté, une fois de plus, de supplier Innocent IV de se réconcilier avec l'empereur, mais, une fois de plus, a échoué.

La dernière semaine d'août, les croisés peuvent enfin s'écrier comme les guerriers de Xénophon : « *Thalassa, Thalassa !* » ; ils sont arrivés à Aigues-Mortes, le port implanté dans les marécages de Camargue. Louis en rêvait depuis 1240 ; la croisade a précipité sa réalisation.

L'embarquement à Aigues-Mortes

L'armée aurait pu s'embarquer à Marseille, la ville provençale qui s'était donnée au comte de Toulouse, ou à Montpellier, rattachée à la couronne d'Aragon. Mais le roi voulait embarquer « chez lui ».

Désirant depuis longtemps un débouché sur la mer, il avait jeté son dévolu sur Aigues-Mortes, le seul point de la côte où le domaine royal, la sénéchaussée de Beaucaire, atteignait directement la Méditerranée. Cependant, Aigues-Mortes, alors simple hameau de pêcheurs à proximité de l'abbaye de Saint-Gilles, dans le delta marécageux du Rhône, appartenait à un fief épiscopal. D'où de longues négociations avec les moines de l'abbaye, négociations où le nom de Blanche n'apparaît pas, preuve de l'autonomie du roi. On n'attendit toutefois pas leur conclusion pour presser la construction du port et du chenal. Mais, lorsque l'armée y parvint, seule la Tour de Constance aux dix portes s'érigeait sur le chantier de la future ville fortifiée qui sera munie d'une charte de franchise exceptionnelle.

Quelques jours plus tard, c'est l'embarquement de toute l'armée et celui de la famille royale avec le légat pontifical. Alphonse de Poitiers, laissé en arrière pour soutenir Blanche dans ses premiers temps de solitude, les rejoindrait plus tard avec son épouse.

Les superbes galères, *la Montjoie* suivie de *la Reine* et de *la Demoiselle,* mettent aussitôt les voiles vers la Sicile. D'autres contingents de pèlerins partis isolément, tels Joinville et ses compagnons, arriveront plus tard à Chypre.

Les dés sont jetés et Marguerite est enthousiaste, heureuse, ce 25 août 1248.

II

LA DÉCOUVERTE DE L'ORIENT

Chypre

Dans la nuit du 17 au 18 septembre 1248, *la Montjoie* jette l'ancre dans le port de Limassol. L'île de Chypre constitue une base commode à proximité des côtes de Turquie, de Syrie-Palestine et d'Égypte – ce qui permettra de choisir un point de débarquement en fonction de la situation politique et militaire. En outre, à l'abri de toute incursion musulmane, elle constitue un entrepôt pour les énormes réserves de blé, de salaisons et de vin dont l'empereur a facilité l'acquisition en Sicile. De fait, l'intendance ayant depuis longtemps précédé l'armée, tant de tonneaux s'entassent au bord de la mer et au milieu des champs que, note Joinville, vus par-devant, « on avait l'impression que c'étaient des granges » et les amoncellements de céréales faisaient penser à des collines car, depuis deux ans, l'herbe avait germé sur les couches supérieures. Chypre constituait la cave et le grenier de la croisade du roi de France.

Quoique Henri de Lusignan [1] lui réserve un accueil

1. Dont la famille règne sur Chypre depuis la conquête de l'île byzantine, lors de la troisième croisade.

chaleureux, Louis n'a pas l'intention de s'attarder dans l'île. Chypre ne constitue à ses yeux qu'une simple et courte escale. Il compte sur l'effet de surprise pour attaquer l'Égypte et acquérir une monnaie d'échange : Damiette contre Jérusalem. C'était déjà le plan mis en œuvre par Jean de Brienne, lors de la quatrième croisade – l'expérience ayant prouvé qu'une campagne en Judée, accumulant tous les dangers, était vouée à l'échec.

Mais le gros de l'armée n'a pas encore rejoint le roi. Les barons de Syrie comme les grands maîtres des Templiers et des Hospitaliers estiment nécessaire d'attendre le regroupement de l'ensemble des forces afin de donner à l'expédition toutes ses chances. Ce sera un long hivernage. Le départ est sans cesse retardé, non seulement par la saison, peu propice à la navigation avant février, mais en raison d'événements imprévus. La mort de quelque deux cent cinquante chevaliers victimes d'une épidémie nécessita l'appel de renforts. De violentes querelles mirent aux prises Génois et Pisans, bloquant ainsi les navires dans les ports de la côte syrienne.

La vie des Francs en Orient

Ces quatre mois donnèrent tout le temps à Marguerite de se familiariser avec la vie menée en Orient par ces Européens installés là depuis les Croisades. Le climat favorable, le bien-être, la joie de vivre ont amené le goût du luxe et de l'élégance chez ces rudes guerriers d'Occident. Ils se sont affinés au contact des émirs, imitent leur manière de vivre, donnant naissance à un peuple nouveau, voire à un esprit colonial, dont l'apparition fut explicitement saluée par le chroniqueur Foucher de Chartres, chapelain de Baudouin Ier, l'empereur de Constantinople :

« Occidentaux, nous voilà transformés en habitants de l'Orient, l'Italien ou le Français d'hier est devenu, transplanté, un Galiléen ou un Palestinien. L'homme de Reims ou de Chartres s'est transformé en Tyrien ou en citoyen d'Antioche. Déjà, nous avons oublié nos lieux d'origine. Ici l'un possède désormais maison et domesticité avec autant d'assurance que si c'était par droit d'héritage immémorial dans le pays. L'autre a déjà pris pour femme une Syrienne, une Arménienne, parfois même une Sarrasine baptisée. Nous nous servons tour à tour des diverses langues du pays. Le colon est devenu un indigène, l'immigré s'assimile à l'habitant. Chaque jour, des parents et des amis viennent d'Occident nous rejoindre. Ils n'hésitent pas à abandonner là-bas tout ce qu'ils possédaient. En effet, celui qui là-bas était pauvre atteint ici à l'opulence, celui qui n'avait que quelques deniers se trouve à la tête d'une fortune. Tel qui en Europe ne possédait même pas un village, se voit en Orient seigneur d'une ville entière. Pourquoi reviendrions-nous en Occident puisque l'Orient comble nos vœux [1] ? »

Ces coloniaux, les nouveaux croisés les appelaient, non sans mépris, « Poulains ». Cela n'empêche pas Marguerite de jouir pleinement de la vie fastueuse offerte à la famille royale à Nicosie, la ville blanche au milieu des vergers, dans l'une ou l'autre des forteresses raffinées des Lusignan qui s'accrochaient, avec une audace sans pareille, au-dessus de la mer et des précipices, se confondant avec les cascades de rochers.

Des fêtes y furent données en l'honneur de l'impératrice de Constantinople. Louis et Marguerite l'avaient accueillie à Limassol après son débarquement sur un autre point de la côte où un vent furieux avait arraché les cordages des ancres de sa nef, entraînant celle-ci au large, jusqu'à Acre, si bien que Marie de Brienne [2] n'avait plus que ce qu'elle portait sur elle. En prenant l'initiative de lui faire parvenir sur-le-champ de quoi confectionner une robe et sa doublure ainsi qu'une fourrure de vair, Joinville, témoin de sa détresse, avait devancé

1. René Grousset, *Histoire des Croisades*.

2. Marie de Brienne, fille du second mariage de Jean de Brienne, avait épousé Baudouin de Courtenay, l'empereur de Constantinople qui vendit les reliques de la Passion à Louis IX.

la reine Marguerite que l'on imagine mortifiée, car on ne manqua pas de jaser sur son indifférence.

Marguerite a-t-elle été agacée par cette visite inopinée et intéressée, au point de contrevenir à sa charité coutumière ?

Marie de Brienne arrivait en effet chargée d'une mission. Baudouin II appelait une fois de plus le roi Louis au secours. Il souhaitait que ce dernier passât par l'empire avant son offensive et intervînt directement contre ses ennemis, les princes orthodoxes. Mais Louis n'entendait pas se détourner de sa route, ni même envoyer une troupe à Constantinople, ni non plus se laisser soutirer de l'argent. « Il n'avait si riche trésor qu'il n'ait vidé jusqu'à la lie », répondit-il, agacé, à Joinville qui, comme beaucoup d'autres chevaliers séduits par le charme de l'impératrice et compatissants à ses malheurs, avait fait à cette dernière mille promesses.

Le faste des fêtes données en son honneur ne compensa pas l'immense déception de Marie qui rejoignit Constantinople les mains vides.

L'ambassade du roi des Tartares

L'horizon de Marguerite s'élargit singulièrement à l'arrivée des émissaires du roi des Tartares, le grand khan Guyuk, petit-fils de Gengis Khan.

Avant qu'Innocent IV n'ait pris le risque, en 1241, d'envoyer sur place ses informateurs, la terreur mongole, entretenue par quelques aventuriers, submergeait l'Occident. On racontait que rien n'arrêterait cette féroce peuplade de vrais sauvages qui, après avoir déferlé sur les terres musulmanes, s'apprêtaient à exterminer tous les Européens, « et aussi la Sainte Église », comme le pleurait d'angoisse Blanche de Castille. Mais le rapport des frères prêcheurs, *Histoire des Mongols que nous appelons Tartares*, eut raison de la légende et dissipa les peurs. Louis allait avoir confirmation des observations de ces témoins oculaires : le grand khan, qui régnait de Pékin à l'iranienne

Tauris, tolérait, comme tous les Mongols de l'empire, les adeptes de toutes les religions et se montrait particulièrement favorable aux chrétiens nestoriens. C'est parmi eux qu'il avait choisi ses deux principaux ministres, son ancien précepteur et son chancelier.

Les religieux arrivés de Mossoul à Chypre, le 20 décembre 1248, étaient chargés de proposer au roi une alliance permettant de prendre à revers les forces musulmanes : les Mongols attaqueraient Bagdad, leur ennemie, tandis que les croisés s'en prendraient à l'Égypte, leur adversaire commun.

Louis les reçut aimablement mais, prudent, se refusa à tout miser sur la carte mongole et à renoncer sur-le-champ à son indépendance. Sans cependant les décourager, il renvoya les émissaires chargés de présents pour leur maître. En outre, à leur demande, il fit confectionner une superbe tente-chapelle, « toute en drap fin, ce qui lui coûta fort cher », note Joinville, décorée de scènes de la vie du Christ. Une ambassade dirigée par un Dominicain la porta, en présent, à la cour du grand khan Guyuk, avec un psautier richement relié, don de Marguerite.

Louis regretta cette ambassade, car les présents furent reçus comme un acte de vassalité, ce qu'il ne pouvait accepter et qui le rendit furieux. En fait, il ignorait que ce n'était là qu'un acte protocolaire en usage à la cour du grand khan depuis des temps immémoriaux, sans la signification que lui et Marguerite lui donnèrent.

III

DANS LA TOURMENTE ÉGYPTIENNE

Marguerite à Damiette

Louis IX a lancé un ultimatum au sultan d'Égypte Ayoub : se soumettre et se faire chrétien, sans quoi le roi de France s'emparerait de sa terre. Il connaissait d'avance la réponse.

Le 13 mai 1249, un samedi, jour de l'Ascension, le couple royal embarque sur *la Montjoie* et toute la flotte des croisés appareille, « ce qui fut très beau à voir, car il semblait que toute la mer, à perte de vue, était couverte des linges, à cause des voiles des vaisseaux », s'extasie Joinville.

Comme Jean de Brienne en 1218, Louis a décidé de débarquer à Damiette, le port le plus important d'Égypte avec Alexandrie et qui, situé au débouché du principal bras du Nil, menait le plus directement au Caire – le but à atteindre.

« Celui qui veut tuer le serpent avant d'être mordu doit lui écraser la tête », avait martelé Robert d'Artois à l'heure du choix de la stratégie, l'emportant ainsi sur les barons qui auraient préféré s'emparer d'Alexandrie. Selon eux, cette prise amènerait à composition le sultan « privé de ses deux yeux », et sinon permettrait de gagner Le Caire à travers un long désert, certes, mais en évitant de se heurter au redoutable obstacle constitué par la place forte de Mansourah sur le Nil.

Les croisés arrivent en vue du Delta le vendredi 4 juin. Le sultan Ayoub a eu amplement le temps de s'y préparer. Un détachement de son armée se déploie sur la plage devant Damiette, commandé par son meilleur général, ce Fakhr-el Din avec qui Frédéric II, partisan d'un rapprochement avec l'Islam, s'était jadis lié d'amitié, au point qu'il l'avait armé chevalier.

Sur *la Montjoie*, d'où elle suit les péripéties du débarquement, Marguerite éprouve les premières des terreurs que lui causera la campagne d'Égypte. Être fière de l'héroïsme de Louis ne l'empêchait pas de déplorer sa folle témérité et son obstination à partager à égalité périls et souffrances de ses hommes.

Les chevaliers se sont jetés en grappe dans les barques pour affronter les ennemis qui les attendent en rangs serrés sur la plage. Non content de s'embarquer sur une chaloupe pour les suivre, le roi, dès qu'il entend dire que la galère portant l'oriflamme de Saint-Denis a abordé, saute dans la mer, malgré les efforts faits pour le retenir. Avec de l'eau « jusqu'aux aisselles », il rejoint les combattants, l'écu au cou et lance à la main.

Meurtrière bataille de la plage où tombèrent plusieurs émirs et, entre autres du côté des Francs, le comte de la Marche, Hugues de Lusignan.

L'ardeur des troupes royales et leur sang-froid ont déconcerté les hommes du sultan qui n'ont pu s'opposer au débarquement des croisés. Par ailleurs sans nouvelles d'Ayoub qu'ils crurent mort parce qu'on le savait très malade, ils battent en retraite, abandonnant Damiette à son sort.

Saisis de panique, quoique la ville se hérissât de fortifications, et que ses ressources étaient telles qu'elle pouvait résister indéfiniment, les Arabes chargés de sa défense prirent la fuite, oubliant de couper le pont de bateaux qui reliait les deux rives du Nil. Les habitants affolés évacuèrent Damiette sans rien emporter, se contentant d'incendier le bazar. Stupéfaits, n'osant croire à un si rapide et brillant succès, les Francs entrent dans une ville déserte [1].

Tandis que Louis campe au milieu de ses hommes face à la ville, de l'autre côté du Nil, dans la plaine circonscrite entre la branche de Damiette et le Bahr-al-Seghir, Marguerite demeure à l'abri des murailles avec les dames et les malades, car la chaleur commence ses ravages.

Après le séjour enchanteur de Nicosie, quelle déception pour elle que Damiette aux maisons de torchis et de sable rouge bordant un labyrinthe de ruelles étroites, sombres et malodorantes. C'est un autre Orient ! Damiette ne connaît pas les demeures bourgeoises de Chypre qu'envieraient les princes d'Occident avec leurs frais patios pavés de mosaïques couleur de mer et de ciel où, jour et nuit, susurrent les jets d'eau dans des vasques de marbre ou de porphyre, et leurs jardins ruisselant de roses. Point de parfums épicés, d'odeurs lourdes ou subtiles qui alanguissent les corps sur les divans de soie et flottent dans les rues tendues de toiles bayadères pour protéger les flâneurs du soleil. Ici, après l'incendie du bazar, pas de boutiques semblables à des cavernes d'Ali Baba, regorgeant de cuirs travaillés, de tissus chatoyants, de tapis précieux, de vases et de vaisselles d'argent ou d'or ciselé, d'armes incrustées de pierreries. En revanche, Damiette offrait en butin l'énorme ravitaillement en grains de toutes sortes, préparé pour un long siège, et qui n'a pas été détruit.

On attendit de longs mois à Damiette l'arrivée du comte de Poitiers et surtout la décrue du Nil qui rendrait le Delta accessible. Durant ce temps, on aura eu beau transformer la mosquée en cathédrale, ouvrir les fondouks aux commerçants venus de Marseille, de Gênes et de Venise, on ne se sentait pas chez soi, entre chrétiens, dans cette place que le roi entendait bien conserver à jamais, avec peut-être l'espoir que la conquête de l'Égypte tout entière constituerait un royaume à offrir à son frère Robert.

1. Lors de la cinquième croisade, en 1218, le siège avait duré dix-huit mois.

Le 20 novembre 1249, l'armée s'ébranle vers Le Caire, laissant Marguerite, enceinte, régner sur Damiette. Elle est loin de se douter du rôle capital qu'elle sera amenée à y jouer l'année suivante.

Le désastre de Mansourah

Fin décembre, l'armée royale arrive en vue de Mansourah. La citadelle, hors d'atteinte derrière le Bab-al-Seghir, est protégée par une armée égyptienne stationnée en deçà du fleuve, à l'est de celle des croisés. De plus, une flotte égyptienne est ancrée sur le Nil.

Tous les efforts de l'armée royale demeurent vains et meurtriers pour elle. La situation paraît sans issue autre que la retraite jusqu'à ce qu'un transfuge bédouin révèle au roi l'existence d'un gué. Grâce à cette voie inespérée, le roi peut surprendre l'armée ennemie qui, saisie de panique, prend la fuite pour se réfugier derrière les murailles de Mansourah. Robert d'Artois, en dépit des ordres du roi interdisant toute initiative de ce genre, s'élance avec impétuosité à sa suite et pénètre à l'intérieur même des remparts. Terrible piège : Robert d'Artois et toute l'avant-garde franque et plus de deux cents Templiers y périssent.

Les Mameluks, dopés par la tuerie de Mansourah, se sont ressaisis et, dans « un vacarme de cors, de trompettes, de tambours, de hurlements », lancent, le 8 février, une offensive générale. Le roi leur arrache la victoire au corps à corps.

C'est au soir de ce triomphe que Louis, sans nouvelles de son frère Robert, apprend sa mort de la bouche du prévôt de l'Hôpital, certain que le comte d'Artois « était au Paradis ». Joinville nous rapporte la douleur de Louis et les paroles de consolation prodiguées par le prévôt :

« Hé, sire ayez-en bon réconfort ; car un aussi grand honneur n'est jamais échu à un roi de France comme il vous en est échu, car pour combattre nos ennemis vous avez passé

une rivière à la nage, vous les avez battus et chassés du champ de bataille, et vous avez conquis leurs engins et leurs tentes où vous coucherez maintenant cette nuit. » Et le roi répondit que Dieu soit adoré pour ce qu'il lui donnait ; et alors de très grosses larmes lui tombaient des yeux.

Louis n'a ni le temps de se laisser aller à sa douleur ni celui non plus de profiter de sa victoire. Mansourah, où les Sarrasins se sont à nouveau repliés, se dresse toujours comme un obstacle sur la route du Caire.

Le siège de Mansourah durera deux mois, deux mois au cours desquels s'abat sur le camp franc une épidémie de dysenterie à laquelle s'ajoutent typhus, scorbut, paludisme et, en raison de la rupture des communications avec Damiette, angoissante pour Marguerite, une sévère disette. C'était en effet par voie fluviale que parvenaient à l'armée ses approvisionnements et ses renforts, et que s'opérait l'évacuation des blessés et des malades ; mais les embarcations étaient désormais interceptées par des galères ennemies postées sur le Nil, en aval des positions franques.

On peut imaginer sans peine l'état d'esprit de Marguerite aux nouvelles alarmantes qui lui étaient précédemment parvenues du camp, d'autant qu'on lui disait que le roi, quoique souffrant, ne ménageait pas sa peine auprès des malades et des mourants, mais l'absence de nouvelles était pire encore.

La situation était telle que l'armée ne pouvait que battre en retraite. Mais elle était trop épuisée pour résister à un assaut. Les pourparlers s'engagèrent avec le nouveau sultan d'Égypte, le fils d'Ayoub, celui-ci étant mort comme on s'y attendait. Le roi propose de restituer Damiette contre Jérusalem. Le sultan amuse le tapis, laissant pourrir la situation : bientôt le roi ne pourrait plus que capituler sans conditions.

Désespéré, Louis a décidé la retraite. Par un miracle d'héroïsme, les Francs parviennent à mi-chemin de Damiette [1]. Ils

1. « Cette retraite, on ne l'a pas assez remarqué, est une des plus belles pages de l'histoire militaire française au Moyen Âge », in René Grousset, *Histoire des Croisades*.

ont dépassé la limite des forces humaines. C'est le désastre final. Mauvaise interprétation d'un ordre ou trahison, au moment où se négociait une trêve avec la promesse d'évacuer l'Égypte sans condition, toute l'armée s'est rendue tandis que le roi gisait, terrassé par la maladie, presque agonisant, dans la bourgade où on l'avait caché.

Marguerite tient en main le sort de la croisade

L'avant-garde, qui seule a pu s'échapper, apporte à Damiette la terrible nouvelle : le roi est prisonnier. Marguerite est à la veille d'accoucher. Ses cauchemars sont peuplés de Sarrasins ; ils envahissent sa chambre, lui ravissent son enfant. Elle crie, elle hurle. « Madame, n'ayez pas peur, je suis là », disait alors le vieux chevalier qui dormait dans sa chambre.

« Avant son accouchement, écrit Joinville, elle fit sortir tout le monde de sa chambre et se mit à genoux devant lui et lui demanda de lui accorder un don, et le chevalier le lui accorda sur son serment. Et elle lui dit : “Je vous demande, par la foi que vous m'avez donnée, que vous me coupiez la tête avant qu'ils ne me prennent.” Ce à quoi le vieux chevalier répondit qu'il y avait déjà bien pensé et qu'il la tuerait. »

Aux heures dramatiques que traverse Marguerite à Damiette répondent celles que vit Louis, enchaîné à Mansourah, sous la menace d'être torturé s'il ne consentait à livrer non seulement Damiette mais toutes les possessions franques de Syrie. Ce à quoi il répondait invariablement avec douceur qu'il n'avait aucun titre pour le faire : la Syrie ne lui appartenait pas, l'empereur en étant toujours le roi. Impressionné par son attitude, le jeune sultan lui fait prodiguer des soins, procurer un matelas et confectionner un riche vêtement. Il lui rend même son chapelain.

Les pourparlers ont pris dès lors une autre tournure. Le sultan se contenterait, dit-il, d'une rançon pour la libération du roi : un million de besants d'or, soit cinq cent mille livres tournois. Louis a rétorqué « qu'il n'était pas tel qu'il pût être racheté à prix d'argent » et proposé d'affecter la somme au rachat de tous ses compagnons captifs et la restitution de Damiette au sien, sous réserve du consentement de la reine à ces dispositions. Que le roi remît son sort et celui de Damiette dans les mains d'une femme surprit le sultan. Mais Louis savait ce qu'il faisait. Il connaissait Marguerite mieux qu'elle ne se connaissait elle-même et il pressentait que ces tragiques circonstances libéreraient sa nature profonde, qu'elle se révélerait énergique, courageuse, lucide, capable de décision. Il ne se trompait pas.

La reine se trouve à Damiette sur le fil du rasoir. Pris de panique à la nouvelle du désastre, les marins italiens et génois auxquels était confiée la garde de Damiette sont sur le point de s'enfuir abandonnant la place. Marguerite l'apprend le jour où elle met au monde Jean-Tristan, ainsi appelé en raison des circonstances douloureuses de sa naissance. Le lendemain même, elle appelle les capitaines pisans et génois dans sa chambre et les supplie :

— Seigneurs, pour l'amour de Dieu, n'abandonnez pas cette ville ; car vous voyez que mon seigneur le roi serait perdu avec tous les prisonniers si Damiette était prise. Et si cela ne suffit pas à vous convaincre, du moins prenez pitié de cette chétive créature qui est ici gisante. Attendez que je sois relevée.

— Madame, comment ferons-nous ? gémissent les capitaines.

Et de se plaindre qu'ils mouraient de faim et qu'ils n'avaient plus d'argent.

Marguerite réagit sur-le-champ : « Je ferai acheter tous les vivres qui sont à Damiette et je vous retiens tous dès à présent aux frais du roi. »

La proposition était certes à considérer. Les marins après s'être consultés l'acceptèrent.

La reine Marguerite a sauvé la situation : Damiette reste un moyen d'échange, et il y aura des navires pour rapatrier les prisonniers.

Le patriarche de Jérusalem, porteur de l'accord de Marguerite, a obtenu un sauf-conduit pour traverser les lignes musulmanes.

Le 5 mai, jour de l'Ascension, quatre galères sur lesquelles ont pris place le roi, les grands barons, une partie des chevaliers jettent l'ancre devant le port de Damiette. La reddition s'opère.

Par prudence, avant l'ouverture des portes de la ville, car on sait qu'on ne peut se fier aux serments des Mameluks [1], Marguerite, encore chancelante, et ses enfants ont embarqué sur le vaisseau qui les amènera à Saint-Jean-d'Acre. Le roi les rejoindra plus tard, une fois accomplie la transaction. On la terminera tard dans la nuit du 8, car la pesée des sacs contenant la rançon prit beaucoup de temps. De plus, en raison de l'énorme somme dépensée pour satisfaire les marins, celle réunie par Marguerite pour la rançon n'était pas complète : on devra arracher de force aux Templiers [2] de quoi la parfaire. Enfin, Louis ne voulait pas s'embarquer avant l'annonce de la mise en liberté d'Alphonse de Poitiers, retenu en otage jusqu'au versement total.

Le 8 mai, la flotte, bien moins nombreuse que celle qui avait amené les croisés en Égypte, fait enfin voile vers la Terre sainte.

---

1. Le 2 mai, les Mameluks ont assassiné le jeune sultan et ont traité directement avec Louis IX. En dépit de leurs promesses, ils massacrèrent les malades, ne voulant pas s'en embarrasser.

2. Les Templiers étaient en quelque sorte banquiers, recevant de l'argent en dépôt, et le Trésorier ne voulait pas y puiser sous prétexte que cet argent n'appartenait pas au Temple. Joinville dut faire mine de forcer le coffre avec une cognée.

IV

MARGUERITE DE PROVENCE, REINE DU ROYAUME D'ACRE

Acre accueille le roi Louis

Après tant d'épreuves qui auraient pu leur être fatales, Marguerite a retrouvé Louis. Il n'est nulle part fait mention de ces retrouvailles. Elles furent sans doute discrètes comme le seront, on le sait par Joinville, celles de Jaffa, dans quelques années. Le roi a souci de ménager ses compagnons privés de la présence de leurs épouses. Mais on devine avec quelle émotion mêlée de compassion Marguerite dut serrer entre ses bras l'époux qu'elle avait cru ne jamais revoir. C'est maintenant un homme que la tragédie égyptienne a durement marqué, au visage émacié, creusé de rides, à la peau desséchée, marbrée, presque chauve et si maigre « qu'on lui voyait les os du dos », affirme Guillaume de Saint-Pathus. À trente-six ans, Louis a déjà l'allure voûtée d'un vieillard.

Saint-Jean-d'Acre, ce 13 mai 1250, a réservé au roi un accueil délirant. Toute la ville est au débarcadère, chaleureuse, pressante, empressée. De toute évidence, on espère qu'il prendra en main la situation, qu'il protégera la Syrie franque de l'Islam enorgueilli de sa victoire. Le meilleur de la chevalerie syrienne et chypriote a disparu dans le désastre ; des bataillons des Templiers et des Hospitaliers, il ne reste qu'une poignée. Qui peut rassembler assez de forces pour retenir les Mameluks, maîtres à présent de l'Égypte, si le roi de France qui a gardé tout son prestige dans la défaite s'en retourne dans son royaume ?

Louis a bien conscience du danger que court la Syrie franque qui, s'il l'abandonne à son sort, fera les frais du conflit de « ceux qui gouvernent à Babylone » et du sultan d'Alep et de Damas [1]. Mais Blanche de Castille le réclame avec insistance, la régence devenait trop lourde. Les barons, de leur côté, aspirent à un retour immédiat. La trêve de dix ans conclue avec l'Égypte dégage le roi comme eux-mêmes de toute obligation et ils ont hâte de regagner leurs seigneuries et leurs épouses.

Rester ou partir ? Louis qui, le 19 juin, a invité ses barons à réfléchir sur la décision à prendre, les réunit à nouveau le 26 avec ceux de Syrie pour leur permettre de s'exprimer.

Interrogés individuellement, les barons du roi conseillent unanimement le départ. De retour en France, disent-ils, le roi pourrait réunir de nouvelles troupes et de l'argent afin de revenir « se venger des ennemis de Dieu ».

Une voix, une seule, s'est élevée en faveur du non-retour, celle du jeune Joinville, le sénéchal de Champagne, et c'est beaucoup d'audace de sa part. Il était inutile, dit-il, d'espérer la libération des captifs si l'on n'était sur place. Selon lui, le roi avait encore assez d'argent pour faire venir des contingents de Morée et même d'Occident « pour tenir campagne pendant un an » et contraindre les Mameluks à observer leur engagement, et à les châtier s'ils y dérogeaient. Il ajoutait que la défense de la Terre sainte exigeait la présence du roi. Le comte

1. L'assassinat du jeune sultan d'Égypte, fils d'Ayoub, a rompu la dynastie des Ayyoubides (celle que Saladin avait fondée en unifiant l'Égypte, la Syrie, le Yémen et la haute Mésopotamie) en plaçant sur le trône un Mameluk qui pour acquérir un semblant de légitimité avait épousé la veuve d'Ayoub. Le sultan d'Alep et de Damas et tous les autres princes ayyoubides refusaient de le reconnaître.

de Jaffa, au nom des barons du royaume franc, appuya ce dernier argument.

Le débat s'est alors fait houleux devant les barons syriens muets et désespérés. On traite Joinville de « poulain ». « Je préfère être poulain que roussin fourbu comme vous êtes ! » rétorque-t-il. C'était traiter de couards des guerriers chevronnés et valeureux !

Louis est demeuré silencieux. Il a déjà sûrement pris sa décision. Il la révèle le 3 juillet au cours d'une nouvelle réunion : il restera en Terre sainte avec tous ceux qui estimeront comme lui que se retirer causerait la perte du royaume de Jérusalem qu'il était venu reconquérir. Il n'obligera personne des siens à le suivre.

De fait, avec le duc de Bourgogne et le comte de Flandre, les frères du roi seront les premiers à rembarquer, « pour la consolation de notre très chère mère et de tout le royaume », déclare Louis dans une lettre adressée aux prélats, aux barons de France, « aux chevaliers, citoyens, bourgeois et tous les autres ».

Qu'en pensait Marguerite ? Joinville passe sa présence sous silence, lors des deux réunions de juin et de celle de juillet. Elle dut cependant y assister en raison même de son rôle à Damiette qui l'a mise en lumière. On peut croire qu'elle partageait l'avis de Joinville car, dans son entourage, c'est au jeune sénéchal qu'elle témoigne le plus d'amitié et de confiance durant son séjour à Acre. La décision de Louis, en droite ligne du vœu qu'il a formulé en prenant la croix, n'est pas faite pour la surprendre, elle pouvait même la prévoir. Pour sa part, réunie maintenant à son époux, elle était prête à se satisfaire de son existence à Acre durant tout le temps que Louis le jugerait nécessaire.

Vie de Marguerite à Acre, trépidante capitale

Les grands centres du négoce italien et vénitien ont installé des comptoirs à Acre, comme dans toutes les villes de la côte.

Les républiques de Venise, de Gênes et de Pise y possèdent chacune un quartier. Venise y compte cent sept immeubles, un palais, une église dédiée à saint Marc et une tour seigneuriale qui se dresse face à celles des Pisans et des Génois. Les grands barons du royaume de Jérusalem y entretiennent de splendides hôtels. Outre son élégance, Acre est une ville fourmillante. Les échanges continuels avec les commerçants de Mossoul, de Bagdad, d'Alep, de Damas, d'Alexandrie créaient une forte animation dans l'équivalent des souks et des fondouks.

Fuyant cette agitation, Marguerite séjourne dans l'impressionnante citadelle des Templiers, le Chastel Pèlerin, érigé au sud d'Acre, tout au bord du rivage. C'est là qu'elle met au monde, en 1251, son fils Pierre de France, comte d'Alençon, et mène sa vie de mère et d'épouse. Quoique désormais revenue en arrière-plan de la politique, elle y remplît son rôle de reine lors des allées et venues des ambassades orientales, car l'activité diplomatique est intense et Louis tient à ce qu'un grand train de vie rehausse son prestige auprès des États latins d'Orient et de ses voisins musulmans.

Damas y vient offrir la restitution de Jérusalem en échange d'une aide militaire contre les Mameluks. Mais c'était mettre en terrible danger les douze mille chrétiens encore captifs en Égypte, et leur délivrance est une priorité pour Louis. Le roi joue avec adresse sur les deux tableaux, et sans repousser Damas finira, après tractations avec les Mameluks, par obtenir la libération des prisonniers.

Entre autres visites, mentionnons, car leur aspect redoutable et leur attitude menaçante étaient propres à effrayer Marguerite, l'arrivée des messagers du Vieux de la Montagne. Dramatiques et spectaculaires entrevues racontées en détail par Joinville sur plusieurs pages de la *Vie de Saint Louis*, et dont la conclusion fut pour le roi un triomphe : « Dans la quinzaine, les messagers du Vieux revinrent à Acre et apportèrent au roi la chemise du Vieux, et ils dirent au roi, de la part du Vieux, que cela signifiait que, comme la chemise est la plus près du corps qu'aucun autre vêtement, le Vieux veut tenir le roi dans son amour plus proche qu'aucun autre roi. »

Cette « déclaration d'amour » s'accompagnait de joyaux, d'un éléphant et d'une girafe en cristal comme divers jeux de tables et d'échecs. « Tous ces objets étaient parsemés de fleurs en ambre, et l'ambre était fixé sur le cristal par de petites feuilles de vigne de bon or fin. Et sachez que, dès que les messagers ouvrirent les écrins où étaient ces objets, il sembla que la chambre fut embaumée, tant ils avaient une bonne odeur. »

Pour ne pas demeurer en reste, le roi a renvoyé les messagers chargés de non moins précieux présents pour leur maître.

Cependant, Marguerite ne jouit pas en permanence de la présence de Louis. Après l'hiver 1250-1251 durant lequel il s'est occupé de la sécurité d'Acre en faisant entourer d'une muraille un bourg qui s'était développé au nord de la ville, le roi et l'armée partent au printemps reconstruire Césarée. En mai 1252, ce sera l'enceinte de Jaffa ruinée par les musulmans qui réclamera son attention, puis, en 1253, Sidon que les musulmans venaient d'attaquer. Ils s'en étaient retirés en y abandonnant des cadavres. Louis ensevelira lui-même les corps, malgré leur état de putréfaction.

La mort de la régente précipite le retour

Blanche de Castille a été enterrée le 29 novembre 1252 dans le caveau de l'abbaye de Maubuisson, revêtue de l'habit des Cisterciennes comme elle l'a demandé. En raison de l'interruption des communications maritimes en hiver, c'est tardivement, à Sidon, où Marguerite l'a rejoint, après avoir accouché de Blanche à Jaffa, que Louis apprend la disparition de sa mère. Il est effondré, Marguerite partage sa douleur, mais seulement par amour pour lui, comme elle le confie à Joinville.

La mort de la régente rappelle le roi dans son royaume. Au demeurant, Louis ne peut faire plus en Syrie que ce qu'il y a accompli. Devenu, en fait sinon en droit, le souverain de Jérusalem avec le consentement unanime des barons syriens dont il a réussi à rétablir la cohésion, il a fortifié les villes de la côte et raffermi les volontés. Sa tâche est achevée, même si la situation politique dont il a espéré tirer parti n'a pas permis, en raison de son évolution [1], de récupérer enfin Jérusalem.

Il aura le chagrin de devoir quitter la Palestine sans même avoir pu y pénétrer. Le sultan d'Alep lui aurait accordé le sauf-conduit nécessaire, mais il aurait ainsi paru reconnaître la souveraineté d'un prince musulman sur la Ville sainte qu'il voulait rendre à la Chrétienté.

1. Tandis que Louis IX était à Jaffa, attendant l'armée égyptienne avec laquelle il avait conclu un accord pour attaquer Damas avec comme prix la restitution de Jérusalem, le sultan de Damas s'était réconcilié avec l'Égypte.

V

RETOUR EN FRANCE

Une traversée mouvementée

Le 24 avril 1254, après la célébration des fêtes pascales, le roi, la reine Marguerite et leurs trois enfants, Jean-Tristan, Pierre et Blanche, née à Jaffa l'année précédente, embarquent à Tyr sur *la Montjoie*, en compagnie de Joinville, du connétable, du chambellan et du bouteiller de France. Suivent les restes de la belle flotte qui naguère cingla vers l'Égypte.

Une banne [1] a été aménagée en chambre pour le roi, au-dessus de l'un des deux gaillards du second entrepont divisés en cabines. La chambre royale est elle-même surmontée d'une « super banne ». Peut-être pour protéger l'autel qui s'y érige et, par un privilège exceptionnel accordé au roi par le légat, conserve le Saint Sacrement.

On peut croire que cette présence protégea la famille royale durant cette traversée qui ne fut pas sans périls. Que d'émotions nouvelles pour Marguerite au cours des trois mois que durera le voyage, mais aussi que d'interrogations devant le

1. Construction légère.

comportement de Louis, cet époux qu'elle pensait bien connaître et qui s'engage sur un chemin qu'elle ne pourra plus suivre étroitement unie à lui comme auparavant.

Dès le départ, s'enchaînent les épisodes qui auraient pu avoir des conséquences dramatiques. Au moment d'arriver à Chypre, *la Montjoie*, trompée par la brume, s'échoue sur le sable, manquant de peu le rocher qui l'aurait fracassée. C'est la panique à bord. On presse le roi de passer sur un autre navire. Les plongeurs ont en effet constaté que la quille est gravement endommagée, mais par bonheur sans causer la voie d'eau qui eût été fatale. Mais même réparée dans le proche port chypriote, le risque pour la nef de se disloquer en haute mer subsistait. L'expérience l'avait souvent chèrement prouvé.

Louis repousse leur conseil. S'il débarquait, dit-il, ce serait contraindre cinq cents personnes et plus à demeurer peut-être à jamais dans l'île, faute d'argent pour acheter leur passage sur un autre navire en partance pour leur pays. « J'aime mieux exposer au hasard dans la main de Dieu ma personne, ma femme et mes enfants, que de causer un tel dommage à une aussi grande foule de gens qu'il y a ici. » Dans la nuit du désastre, alors que tous se voyaient perdus, le roi avait prié, s'en remettant totalement à Dieu, comme Marguerite qui dit aux nourrices : « N'éveillez pas les enfants, vous les laisserez aller à Dieu dormants. »

La nef aux quatre voiles triangulaires a repris la route et c'est aussitôt pour essuyer une effrayante tempête. Le vent souffle si fort qu'on doit abattre les fragiles cloisons de la chambre du roi où dormaient aussi Joinville et le connétable de crainte qu'ils ne soient emportés avec elle.

Terrifiée par la perspective de la noyade prédite par les marins, Marguerite veut promettre à Dieu ou à ses saints un pèlerinage afin d'éloigner le péril, mais elle n'ose le faire sans l'accord de Louis, tant les réactions de son époux sont devenues imprévisibles. « Le roi est si divers », dit-elle à Joinville. Devant son désarroi, le sénéchal lui confie qu'il a promis lui-même à saint Nicolas un pèlerinage « à pied et sans chausses » s'il les tirait de leur péril. La reine pourrait s'y associer, suggère-il, et promettre « une nef d'argent de cinq marcs pour le roi, elle-même et ses enfants » qu'il y apporterait. Marguerite le promit [1]. Le vent tomba.

« Divers », a dit Marguerite à Joinville en parlant de son époux dont le comportement la déconcerte. Le mot signifie aussi « cruel ». Et l'on pourrait croire que le roi, jadis toute indulgence, se révèle à présent impitoyable. Ainsi lors de l'incident survenu devant Pantellaria, une île entre la Sicile et la Tunisie.

Trois galères étaient parties sur l'île à la demande de Marguerite qui, en bonne mère soucieuse du bien-être de ses enfants, désirait, avec l'accord de Louis, satisfaire leur envie de fruits frais. Au rendez-vous fixé pour le retour des marins, l'inquiétude s'accrut d'heure en heure. Nulle embarcation à l'horizon ! On crut à leur capture, l'île étant peuplée de musulmans réputés hostiles aux chrétiens. On pressa le roi de donner l'ordre de lever l'ancre pour passer ce détroit dangereux. Il refusa : « Je ne vous suivrai pas et je ne laisserai pas mes gens entre les mains des Sarrasins sans faire au moins tout mon possible pour les délivrer. Et je vous commande que vous tourniez vos voiles et que nous allions leur courir sus. » Désespérée, en larmes, Marguerite s'accusait d'être responsable des événements.

Au moment d'appareiller apparurent les galères ! Leur retard était dû, expliquèrent les marins, à ce qu'il leur avait fallu attendre « six fils de Bourgeois de Paris » qui s'étaient éloignés pour chaparder et se gaver de fruits.

Le roi, fou furieux, ordonna d'embarquer incontinent les garnements dans une chaloupe reliée par un simple cordage à la nef. Ainsi exposés à tous les dangers de la haute mer, ils

1. La nef qu'il apporta à Saint-Nicolas de Varengeville près de Metz fut toute d'argent comme ses figurines ; le roi, la reine et ses enfants, même les toiles étaient cousues de fils d'argent. Ainsi façonnée, elle coûta à Marguerite cent livres, soit environ vingt fois un bon salaire annuel de l'époque.

pleuraient, hurlaient de frayeur. Malgré les supplications de Marguerite et de tout son entourage, qui voudraient voir le roi revenir sur ce terrible châtiment réservé aux voleurs et aux assassins, Louis ne cédera pas.

Pourquoi son époux est-il devenu si peu pitoyable ? s'interroge Marguerite qui s'inquiète de ses réactions brutales. Mais elle sent instinctivement que Louis souffre. Elle fait preuve de patience, le ménage, demande à l'entourage d'en faire autant. Ainsi, une nuit, elle exige de cacher au roi l'incendie qui a éclaté dans sa cabine.

Une suivante, après avoir aidé la reine à se déshabiller et à se mettre au lit, avait laissé, par négligence, une pièce d'étoffe près de la chandelle qui achevait de se consumer. L'étoffe s'était enflammée ; le feu s'était communiqué au drap du lit, réveillant Marguerite. Avec un sang-froid admirable, elle sauta toute nue de son lit, pour se saisir des pièces enflammées qu'elle jeta à la mer, sans un cri.

Mais les jeunes gens toujours dans leur chaloupe hurlaient : « Au feu, au feu ! » Réveillé par leurs cris, Joinville vit « le linge brûlant encore avec une flamme claire sur la mer ». Se revêtant en hâte, il rejoignit les marins. Entre-temps le roi s'était lui aussi réveillé : « Où est Joinville ? – Aux cabinets », répondit l'écuyer du sénéchal. Louis ne fut pas dupe : « Tu mens ! »

Joinville, que l'on a averti, fait dire à Marguerite d'aller apaiser le roi.

Le lendemain, Louis révéla au connétable et au chambellan « ce qui avait fait qu'ils auraient dû être tous brûlés cette nuit ». La reine, comme à Damiette, les avait sauvés du pire.

Enfin la Provence

Six semaines de voyage en mer avant d'aborder enfin, le 10 juillet [1], la côte provençale. Hyères ! Le cœur de Marguerite

1. Le 3 juillet, selon Joinville.

bat très fort à la vue du rivage fleuri, dont le vent lui apporte, comme une offrande, l'odeur jadis familière. Elle voudrait y débarquer. Tout de suite ! L'entourage partage son désir. Louis refuse : le petit port provençal est bien maintenant capétien depuis que Charles d'Anjou a épousé Béatrice, mais il entend débarquer là où il s'est embarqué, chez lui, à Aigues-Mortes.

Marguerite insiste, car elle voit que Louis a été très éprouvé par la traversée autant que par la crise morale qui l'a affecté, et parce qu'elle-même en a hâte : elle est à nouveau enceinte.

Le roi s'entête dans un silence que nul n'ose troubler. Deux jours se passent encore avant que Joinville tente de vaincre son obstination : « Sire, il serait bien juste qu'il vous arrive ce qui était parvenu à Madame de Bourbon qui ne voulut descendre dans ce port mais se remit en mer pour aller à Aigues-Mortes. La navigation fut si mauvaise qu'elle demeura sept semaines en mer. » Ébranlé, Louis prend alors l'avis de son conseil qui, unanime, refuse de prendre le risque d'une nouvelle aventure maritime.

Le roi a enfin cédé. Il était temps. Il est si affaibli que Joinville doit le soutenir au débarquement.

Dans l'attente des chevaux qui viendront du royaume de France, on séjourne au château d'Hyères avant de prendre la direction de Beaucaire.

Le cortège royal traverse la Provence. On peut imaginer l'émotion de Marguerite qui, à Aix, peut enfin se recueillir sur la tombe de son père, inhumé dans l'église des Hospitaliers de Saint-Jean, et embrasser sa mère. Elle a non moins hâte de retrouver ses trois enfants à Paris : c'est sans doute la raison qui, à Beaucaire, lui fait laisser Louis visiter seul ses sénéchaussées du Languedoc.

Le roi regagnera Paris le 7 septembre. Toute la famille royale est enfin réunie. La vie d'antan va-t-elle reprendre là où on l'a laissée ?

TROISIÈME PARTIE :

1254-1270

I

AFFAIRES DE FAMILLE, AFFAIRES D'ÉTAT

Une nouvelle vie dans un nouvel État

Rien ne sera jamais plus ce qu'il était dans le royaume de France. Il y souffle déjà un vent réformateur. À peine débarqué, le roi a pris ses premières mesures administratives dans le Midi où il s'est attardé avant de regagner Paris. Le Languedoc a constitué un banc d'essai et il en a ramené un juriste de grande valeur, Guy Foulques [1], car désormais il choisira lui-même ses conseillers et celui-là sera le plus précieux.

Louis IX a inauguré ainsi sans tarder son règne personnel qu'il entend être un règne de paix et de justice, une volonté née de ses longues méditations favorisées par l'inaction de la traversée. Il est persuadé que les terribles épreuves subies durant la croisade avaient forcément un sens. « Dieu vient de nous montrer sa grande puissance », avait-il confié à Joinville après la tempête qui aurait dû leur être fatale. Et, citant saint Anselme, il avait alors ajouté que cette manifestation n'était assurément pas faite pour augmenter la gloire de Dieu qui n'en

1. Guy Foulques deviendra pape en 1265 sous le nom de Clément IV.

avait nul besoin, mais comme un avertissement d'avoir à réviser sa conduite et la rendre conforme à Sa loi.

Dès décembre 1254, moins de six mois après son retour, la Grande Ordonnance concrétise la décision du roi de purifier le royaume de France non seulement de tout ce qui contrevenait à la morale chrétienne (blasphème, jeux de hasard, ivrognerie, prostitution, adultère), mais aussi des abus en tout genre qui viciaient son administration et la conduite des agents royaux envers les administrés. Désormais, la justice sera la même pour tous, faibles ou puissants, et aucune intervention ne saura faire fléchir sa rigueur. Marguerite sera impuissante à soustraire à la peine de mort une de ses amies, noble dame de Pontoise, meurtrière de son mari. L'exécution eut lieu dans la cour de ce château de Pontoise qui avait abrité les jeunes amours du couple royal.

Ce ne sera pas la seule fois où Marguerite se heurtera à l'intransigeance de Louis. Il ne faut sûrement pas y voir une quelconque marque de froideur du roi envers son épouse, ni non plus de défiance dans sa décision de réorganiser l'hôtel royal. Sa gestion, naguère dans les mains énergiques et compétentes de la reine Blanche, est désormais confiée à un nombreux personnel spécialisé, échappant ainsi totalement à la reine.

Marguerite de Provence n'est pas une seconde Blanche de Castille, ne prétend pas l'être et n'aspire pas à le devenir. On penserait plutôt que, délivrée de cette lourde charge, elle se satisfait de son rôle d'épouse aimante et de mère attentive. Elle n'a à se préoccuper que d'elle et de ses toilettes, une source de satisfaction, car elle aime les belles robes, les riches fourrures, les bijoux – Louis n'en est pas encore à lui prêcher la modération. On pourra lui reprocher, comme Rutebeuf, son caractère dépensier mais elle contribue ainsi à l'élégance de la cour et « au maintien de son prestige royal qui risquait fort d'être mis à mal par les excentricités d'un souverain dont la pauvreté vestimentaire était ostentatoire » [1].

1. Gérard Sivery, *Marguerite de Provence, une reine au temps des Cathédrales.*

La Provence, pomme de discorde familiale

Sans justice, pas de paix possible dans le royaume ; sans paix dans le royaume et au-delà, pas de place pour la justice. Paix et justice allaient de pair, et Louis en prenant pied sur la terre de France s'est juré d'être un « apaiseur ». Il a fort à faire, dans sa famille même, où le conflit qui oppose la comtesse douairière de Provence à Charles d'Anjou empoisonne les rapports de son épouse avec son frère – Marguerite prenant fait et cause pour sa mère.

Lors du mariage de sa fille et de Charles, Béatrix de Savoie, alléguant une donation viagère, datant de 1244, qui complétait la constitution de son douaire, a revendiqué l'usufruit du comté de Provence, la possession du comté de Forcalquier, de la terre de Gap et de nombreux châteaux sur la rive gauche de la Durance. La situation, on peut l'imaginer, était explosive entre le gendre et la belle-mère !

La veille du départ en croisade, un arbitrage du roi avait provisoirement apaisé les tensions : Béatrix de Savoie renonçait à ses revendications. Charles lui abandonnait un tiers des revenus du comté.

Rien n'était réglé pour autant. Profitant des événements qui tenaient éloignés le comte de Poitiers comme celui d'Anjou, Marseille proclama son indépendance [1], entraînant avec elle Arles et Avignon qui se débarrassèrent de l'administration imposée par Charles d'Anjou. Les trois villes conclurent une alliance défensive sous l'égide de Barral, seigneur des Baux et grand ami de Béatrix de Savoie.

La Provence avait espéré que la croisade la débarrasserait pour longtemps, sinon pour toujours, du comte d'Anjou. Son retour prématuré la consterna. La liberté d'action que laissait

1. Raymond VII de Toulouse à qui Marseille s'était donnée est mort la veille de partir en croisade. De ce fait, Jeanne, l'épouse d'Alphonse de Poitiers, héritait du comté et de ses acquis. Marseille entend reprendre sa liberté vis-à-vis du nouveau comte de Toulouse sans pour autant retomber sous le joug de celui de Provence.

au comte l'absence de Louis révéla qui il était : un ambitieux, dur et sans scrupules. Avec son frère Alphonse, dont les intérêts dans le Midi étaient liés aux siens, Charles entra immédiatement en campagne, réduisit la résistance d'Arles et d'Avignon, puis ravagea le territoire autour de Marseille, irréductible derrière ses murailles.

La Haute-Provence s'était elle aussi enflammée. L'enquête ordonnée par le comte d'Anjou et destinée à comptabiliser tous ses droits, sans égard pour les privilèges tacitement acquis au cours des années par les vassaux de Raimond Bérenger, y avait mis le feu aux poudres. On vomissait ce *francio* et son avidité. Boniface de Castellane, le seigneur troubadour ami intime de la comtesse douairière, fulminait dans ses *sirventes* la cupidité d'Anjou : « Tout est au comte », chantait-on partout avec rage et on jurait de tout lui reprendre ! Béatrice avait pris le chemin de Forcalquier, où sa mère s'était enfermée, pour la supplier de se retirer du parti de la rébellion. La scène entre la mère et la jeune sœur de Marguerite fut dramatique. Béatrice ne réussit qu'à déchaîner la colère de la comtesse douairière qui se plaignait, entre autres choses, que Charles n'eût tenu aucun de ses engagements envers elle. Béatrice dut s'en retourner quasiment maudite par sa mère et objet d'opprobre pour les habitants de ce comté où elle avait vu le jour et qui l'avait tant chérie.

Cependant, trahie de l'intérieur, Marseille finit par reconnaître (avec une grande mauvaise foi de part et d'autre !) la suzeraineté du comte de Provence.

Charles avait gagné la partie, mais pas dans le cœur de Marguerite. Les affaires de Provence n'étaient assurément pas faites pour atténuer leur antagonisme. Cependant, elle dissimulait de son mieux ses sentiments de crainte de blesser Louis, d'autant que ce dernier, dès son retour, avait entrepris d'éteindre les incendies que l'ambition de son frère avait allumés, tant dans le Hainaut qu'en Provence.

Le roi amènera sa belle-mère à renoncer au comté de Forcalquier et à ses dépendances, moyennant une rente annuelle et une somme de cinq mille livres tournois, qu'elle exigeait versée par le Trésor royal (pour être sûre, cette fois, de la toucher !). Charles devait en outre amnistier tous les seigneurs rebelles partisans de Béatrix de Savoie. L'accord sera signé en 1256. Béatrix ne retournera pas en Provence et séjournera à l'hôtel de Nesle, près de sa fille. Cette réconciliation s'était amorcée lors de l'étonnante réunion familiale qui eut lieu à Paris, deux ans auparavant, en décembre 1254.

La grande réunion de famille

Marguerite et Éléonore brûlaient du désir de se revoir. Elles incitèrent Henri III, alors encore en Guyenne, à demander à Louis l'autorisation de traverser ses États pour se rendre à Fontevraud où reposait sa mère, Isabelle d'Angoulême. Elle voulait lui faire édifier un tombeau, et aller ensuite prier à l'abbaye de Pontigny, où l'on vénérait les reliques de saint Edmond, afin d'être délivré d'un mal dont il souffrait. Il serait heureux, écrivit-il à Louis, que le roi de France lui permît ainsi d'éviter un voyage par mer, ce qui lui causait toujours en cette saison « grief et nuisance ».

Marguerite n'eut aucun mal à convaincre Louis de saisir cette occasion de normaliser ses relations avec l'Angleterre. Louis lui-même souhaitait effacer les traces laissées dans les esprits par la douloureuse aventure de Taillebourg et de Saintes. Il était temps d'en finir avec les trêves qui ne délivraient nullement de l'obsession d'une invasion. Durant la régence de Blanche, le pape dut intervenir pour rappeler à Henri que les biens du roi de France étaient inviolables pendant la croisade.

Quelle joie donc pour Marguerite de se porter avec Louis en personne à Chartres, au-devant du cortège royal anglais, pour le ramener à Paris, le 9 décembre 1254 ! Plus de mille chevaliers anglais et écossais escortaient en grand appareil le couple royal qu'accompagnaient le prince héritier Édouard et sa jeune épouse, sœur d'Alphonse X de Castille. Sanche de Provence était également du cortège, mais sans Richard de Cornouailles retenu en Angleterre, où il exerçait la régence en l'absence d'Henri.

Malgré son différend avec Charles d'Anjou, Béatrix de Savoie était présente, elle aussi. Marguerite et Louis ne lui auraient pas pardonné l'ombre que son absence jetterait sur une assemblée qui, pour la première fois, réunissait frères, beaux-frères et belles-sœurs.

On devait longtemps se souvenir de l'accueil que la Cité, parée de fleurs, de guirlandes, de tapisseries, réserva à ses hôtes avec des cris et des chants d'allégresse. Le Louvre ruisselait de lumières et de musique pour offrir aux Anglais un mémorable festin dans la salle du roi. On compta douze évêques, vingt-deux ducs et barons, dix-huit comtesses à la table de Louis qui avait à sa droite son beau-frère et à sa gauche le fiancé de sa fille Isabelle, le jeune roi de Navarre, Thibaud de Champagne. Les services succédèrent aux services plus coûteux et plus étourdissants d'ingéniosité culinaire les uns que les autres ; les vins coulèrent à flots. La grâce et la gaieté naturelle de la petite épouse d'Édouard, la beauté des quatre sœurs de Provence, la fierté maternelle d'une Béatrix de Savoie apaisée, l'entrain bon enfant d'Henri que tout enchantait, l'affabilité de Louis envers lui, tout contribua à l'euphorie ambiante. Effacés les guerres, les conflits, les litiges ; oubliées les rancœurs, les amertumes, les haines : on voulait s'aimer, on s'aimait, on s'aimerait, au moins le temps de ce séjour qui était aussi celui de l'Avent : « Paix sur terre aux hommes de bonne volonté… »

Au soir de ces agapes auxquelles le peuple avait largement participé car, portes ouvertes, des tables se dressaient pour lui dans toutes les cours et toutes les salles, Louis décida qu'Henri ne retournerait pas au Temple où on l'avait logé avec sa suite, dont le roi anglais ne voulait pas être séparé, mais qu'il coucherait à l'hôtel royal. Et, le lendemain, on les vit, bras dessus bras dessous, devisant dans le verger. Prélude à de longs entretiens qui se poursuivirent durant les huit jours du séjour d'Henri qui, grand amateur d'art, ne se lassait pas d'admirer les beautés de Paris. La splendeur de la Sainte-Chapelle enthousiasmait le bâtisseur de l'Abbaye de Westminster, et il prétendait la ramener par charrettes en Angleterre !

« N'avons-nous pas épousé les deux sœurs et ainsi Dieu ne nous a-t-il pas fait deux bons frères ? » entendit-on dire Louis. « Oh ! S'il y avait entre pauvres hommes que nous sommes pareille parenté, combien ils se chériraient, combien ils seraient unis du fond du cœur ! » Une seule famille régnant sur la France et l'Angleterre, quel beau rêve, que ne le réalisaient-ils ! soupirait-il en déplorant « l'opiniâtreté de ses barons qui disaient que les Normands ne sauraient observer pacifiquement leurs bornes ou leurs limites sans les violer… », ce qui l'empêchait de restituer à Henri les terres qu'il réclamait.

Louis traçait là avec beaucoup d'habileté les limites de son entente avec l'Angleterre : il devait tenir compte de ses barons et de l'opinion publique. Henri ne pouvait lui en tenir rigueur, car lui-même était soumis aux siens et gravement menacé.

Quand ils se séparèrent à Boulogne-sur-Mer, où il avait tenu à accompagner la famille royale anglaise, Louis embrassa Henri : « Plût à Dieu que les douze pairs de France et le baronnage consentissent à mon désir : nous serions certes des amis indissolubles… »

Marguerite et Éléonore

La reine de France et celle d'Angleterre ont pleinement partagé l'émotion de ces jours heureux. Revivant l'intimité de leur enfance, elles se sont confiées tout ce qui les préoccupait. Elles parlèrent sûrement de la Provence, une écharde dans le cœur de Marguerite, des soucis d'Éléonore qui subissait le contrecoup des rapports difficiles d'Henri avec ses barons anglais. Éléonore se plaignait d'être rendue responsable de tous les maux du royaume. On lui reprochait tout, son luxe, ses robes, ses bijoux qui ruinaient, paraît-il, le Trésor, ses

Provençaux, son amour de la vie et sans doute jusqu'à celui qu'elle portait à sa sœur, la reine de France ! Elle avait, disait-elle, tout le monde contre elle, les lords, les prélats qui, tout en reprochant à Henri sa faiblesse, battaient en brèche l'autorité royale. Elle avait toujours fait face à tout et à tous, en ignorant délibérément critiques, blâmes et haines, sans jamais perdre son sang-froid, même lors de la tentative d'assassinat dont Henri faillit être victime, quelques mois après la naissance d'Édouard, en 1239. Ce soir-là, le roi ne dut la vie qu'au fait d'être allé la rejoindre dans son lit !

Et maintenant il y avait l'affaire du trône de Sicile. Le pape dans sa haine pour les Hohenstaufen entendait priver Conrad IV de l'héritage de son père, l'empereur Frédéric II mort en 1250. Il avait offert la couronne de roi des Romains, prélude à celle de l'empire, à Guillaume de Hollande et la Sicile à Henri pour son fils cadet, Edmond. Il suffisait de la conquérir. Mais cette expédition militaire nécessitait de l'argent. Beaucoup d'argent. Par la mauvaise volonté du Parlement, cette couronne allait leur échapper. Henri en était malade, disait Éléonore ; « les contrariétés lui donnaient la fièvre ».

Et Marguerite de faire siens les soucis de sa cadette, de la consoler et de lui promettre – peut-être imprudemment – de se faire fort d'obtenir de Louis son intervention pour réconcilier Henri et son opposition. Elle estimait que seule une paix signée avec la France permettrait à Henri d'imposer son autorité.

Le traité de Paris

Par amour pour sa sœur, Marguerite est donc parfaitement en phase avec la nouvelle politique anglaise de Louis. Faut-il alors soutenir, avec les conseillers de Louis IX et les historiens qui leur emboîtent le pas, que, jouet dans les mains d'une Éléonore intrigante et beaucoup plus intelligente qu'elle, Marguerite a usé de son ascendant sur un époux affaibli par la maladie et habité par des idéaux pacifiques pour lui arracher le fameux traité de Paris de mai 1258 ?

Ce traité, censé mettre fin à près d'un siècle d'hostilité entre deux peuples, provoque, dès ses préliminaires en 1255, un ouragan de protestations des deux côtés de la Manche.

Qu'après tant de sang inutilement versé le roi d'Angleterre abandonnât définitivement la Normandie, l'Anjou, la Touraine, le Maine et le Poitou, remplissait les Anglais d'amertume. Les conseillers français, de leur côté, jugeaient incompréhensible que, contre l'abandon des revendications anglaises, le roi se dépouillât de nombreux fiefs [1]. Ou les revendications anglaises étaient justifiées, auquel cas il fallait tout rendre, disaient-ils, ou elles ne l'étaient pas, et ce qu'on donnait aux dépens du royaume était inadmissible.

L'examen des nombreuses clauses complexes, subtilement incluses dans le plan apparemment simple et lisible du traité de Paris, montre pourtant que c'est un Louis IX très lucide et volontaire qui mena le jeu, et demeura le grand gagnant de la transaction. En forçant le trait, on peut même avancer que Louis fut moins manipulé par Marguerite qu'il ne se servit d'elle, comme plus tard, en 1261 et 1263, lorsqu'il n'hésitera pas à la mettre en première ligne dans l'arbitrage des conflits opposant Henri III à son beau-frère Simon de Montfort, et à ses barons rebelles.

Si Louis remet à Henri de son plein gré et non « comme quelque chose dont il serait tenu envers lui et ses héritiers », un certain nombre de fiefs et leurs revenus, ce n'est pas seulement pour « mettre de l'amour entre ses enfants et ceux du roi d'Angleterre qui sont cousins germains ». Les clauses de cession sont telles que si Henri III est propriétaire de ces fiefs, il n'en est pas le suzerain, et Louis le souligne à ses barons : « Il me semble que j'emploie bien ce que je lui donne puisqu'il

1. Dans les diocèses de Limoges, Cahors et Périgueux. Après la mort d'Alphonse de Poitiers, la partie de la Saintonge au sud de la Charente reviendrait également à l'Angleterre.

n'était pas mon homme et que par là il entre dans mon hommage. »

On assistera, le 4 décembre 1259, à l'incroyable spectacle du roi d'Angleterre, genoux en terre dans le jardin du palais, ses mains dans celles du roi de France, lui prêtant hommage pour la Gascogne, Bordeaux et Bayonne. Ce traité brillamment illustré par cette scène suffirait à protéger Marguerite de toute accusation.

La réconciliation des deux dynasties est totale et sans arrière-pensées. Comme pour en donner la preuve, les premiers jours de janvier 1260, Henri, sur le point de se rembarquer pour l'Angleterre, revient sur ses pas pour porter lui-même en terre l'héritier de la couronne de France. Car, hélas ! la mort a frappé Louis de France. Le brillant jeune prince, héritier du royaume, disparaît à dix-sept ans, accablant le couple royal d'une même affreuse douleur, comme s'il leur fallait payer les fastes donnés en l'honneur de cette paix acquise pour la plus grande gloire du roi Louis IX.

Une gloire déjà pourtant chèrement achetée. Louis de Poissy – le véritable Louis – a pour elle douloureusement renoncé à ses aspirations les plus profondes. Si l'on doit dénoncer l'influence de la reine sur le roi, il faut la chercher dans un épisode périlleux pour leur couple : c'est Marguerite, et elle seule, qui, peu avant les préliminaires du traité de Paris, a empêché Louis d'abdiquer.

II

MARGUERITE ET LOUIS DE POISSY

La victoire de Marguerite

Au printemps 1255, Marguerite vit des heures dramatiques. Louis a entendu l'Appel : il se dispose, lui annonce-t-il, à abdiquer en faveur de leur fils aîné en âge de régner. Il désire embrasser l'état monastique. Prêcheur ou Mineur, il hésite encore. Il quête son consentement, car elle devra naturellement le suivre dans cette voie. Sans lui, il ne pourrait entrer en religion.

Qu'un couple se sépare, les enfants élevés, pour entrer chacun au couvent, n'était pas exceptionnel ; les exemples, quoique rares, ne manquaient pas. Cette décision ne portait nullement atteinte à l'indissolubilité du mariage qui devenait alors une union mystique.

Mais le mysticisme n'est assurément pas le fait de Marguerite. En femme amoureuse, elle s'insurge, s'affole. Elle ne comprend pas comment ils en sont arrivés là.

Depuis leur retour, à son grand soulagement, le roi semblait sorti de son étrange abattement, coupé d'accès de violence, et son comportement, lors de la grande réunion familiale, l'avait pleinement rassurée : Louis était redevenu Louis ! Certes, il multipliait ses visites aux moines, mais n'était-il pas coutumier depuis toujours de ces retraites ? Et voilà qu'il décidait de se retirer définitivement au couvent et lui demandait d'en faire autant ! Elle n'était pas préparée à cela !

Marguerite n'a nulle envie de renoncer au monde. Elle aime le monde. Elle n'a que 34 ans et bien le temps de songer à s'en retirer. Quoi de mal, cela ne l'empêchait pas d'être bonne chrétienne soucieuse de ses devoirs. Louis devait lui aussi songer un peu plus aux siens, lui dit-elle avec énergie, bien décidée à le combattre et pas seulement avec des armes sentimentales.

Si Dieu l'avait mis à la place où il était et qu'il n'aurait pas dû occuper, plaide-t-elle avec feu, c'était pour remplir la mission de conserver le royaume en paix et en prospérité, et de veiller aux intérêts de l'Église. Un roi était assurément plus utile sur le trône qu'au fond d'un couvent. Allait-il démissionner pour convenance personnelle ? Sans parler de ses devoirs de père et d'époux ! Ses enfants avaient grand besoin de lui, d'eux. Louis, qu'il voulait faire roi, n'avait pas même douze ans, et leur dernière fille venait de naître.

Marguerite a si bien parlé, pleuré et crié qu'elle l'a emporté, là où Blanche avait jadis échoué : Louis de Poissy a perdu la bataille !

Vivre avec un futur saint

Contraint de demeurer dans le monde, Louis adopte un mode de vie de plus en plus humble, austère et charitable. Le roi de France a renoncé aux matelas de plumes pour un matelas de coton et ses couvertures ne sont plus de soie. Il ne porte plus jamais « ni vair, ni petit-gris, ni drap fin, ni étriers ni éperons dorés. Ses robes étaient de drap naturel ou de drap grossier bleu », écrit Joinville, ajoutant : « Il était si sobre de sa bouche qu'il ne donnait aucun ordre pour ses plats en dehors de ce que les cuisiniers lui préparaient, on le mettait devant lui et il mangeait. (...) Il faisait tous les jours manger ses pauvres, et après manger, il leur faisait donner de ses deniers. »

On doit à deux de ses confesseurs de savoir qu'en pénitence il se faisait flageller avec une chaînette de fer qu'il conservait dans une boîte d'ivoire. La pratique était courante à cette époque (il offrira un semblable instrument à sa sœur Isabelle), mais Louis insistait pour que sa flagellation ne fût pas un simulacre. Par mortification, il porta un temps continuellement un cilice, dont son dernier confesseur parvint à lui faire limiter l'usage aux vendredis de l'Avent et du carême, tant la chemise de crin blessait gravement sa peau très fragile.

Jusqu'où Louis, à la nature toujours ardente, irait-il dans cette voie et comment Marguerite vivait-elle cette situation périlleuse ?

Vivre avec un homme en marche vers la sainteté n'est assurément pas aisé. Marguerite et Louis qui continuent à former un véritable couple, la naissance de Robert en 1256 et celle d'Agnès quatre ans plus tard en témoignent, battent en brèche le préjugé, source de malentendus, voire de drames, qui veut qu'épouser, c'est s'assimiler et ne faire qu'un en tout. Chacun d'eux sut respecter l'altérité de l'autre. Belle leçon.

On imagine bien que ce ne fut pas sans heurts que s'établit ce concordat. Marguerite ne faisait pas grief à Louis de ses excès de dévotion et de charité ; en revanche, elle souffrait mal sa nouvelle manière de se vêtir et ne le cachait pas. Du haut de la chaire, Robert de Sorbon en fit même état dans un sermon sur le mariage : « Le prince, ayant une humble tenue, déplaisait à sa femme qui aimait à s'affubler des plus riches ornements, et comme elle blâmait sa pauvre mine et s'en plaignait même à ses parents, il lui dit : "Madame il vous plaît donc que je me pare de vêtements de prix ?" Elle répondit que tel était en effet son désir, et que finalement elle voulait le voir s'y conformer. Le prince reprit : "Eh bien, je ferai cela pour vous, la loi conjugale étant que l'homme doit complaire à sa femme, et réciproquement. Mais cette loi qui m'oblige envers vous, vous oblige pareillement envers moi ; vous êtes tenue d'obéir à ma volonté, comme je le suis d'obéir à la vôtre. En conséquence, je veux que vous me fassiez le plaisir de vous habiller plus modestement. Vous porterez mes vêtements et moi les vôtres." À cet arrangement la femme refusa de souscrire, et dès lors elle permit à son mari de se vêtir selon sa coutume. »

Cet échange eut réellement lieu ; on y reconnaît bien l'esprit malicieux du roi.

Marguerite sans rien changer à sa toilette laisse néanmoins en pâlir un peu l'éclat. Quant à Louis, s'il persiste à paraître « vêtu d'une cotte de camelot, d'un surcot de tiretaine sans manche », il y ajoute « un manteau de soie noire autour du cou, un chapeau de paon blanc sur la tête ». Conscient de ce que les pauvres risquaient de pâtir de ses économies, puisque c'est à eux qu'allaient ses vêtements réformés, il remettait en compensation soixante livres par an à son confesseur pour les leur distribuer.

Unions politiques des Enfants de France. Le traité de Corbeil

C'est ensemble, avec toujours la même attention, que Louis et Marguerite veillent sur l'éducation de leurs enfants dont ils préparent très tôt l'avenir. Après Isabelle, leur fille aînée, mariée en 1255 à Thibaud de Champagne, le jeune roi de Navarre, cette même année ce sont les fiançailles du prince Louis, alors âgé de onze ans, avec la fille du roi de Castille. Leur troisième fille, prénommée Marguerite, est fiancée en 1257 à Henri, héritier du duc de Brabant. Elle a trois ans ! L'âge de la fiancée, choquant à nos yeux, obéit à la règle : les unions des enfants royaux obéissent aux seuls intérêts de la couronne.

Le mariage de la petite Marguerite est arrangé à l'heure de la compétition pour le trône impérial opposant Richard de Cornouailles au roi de Castille, le futur beau-père du prince Louis. Le roi, qui soutient à ce moment-là Alphonse X de Castille, songe peut-être à constituer un front contre l'autre candidat. Marguerite de Provence, reine de France, s'incline, même si le projet la contrarie ou l'inquiète. Il y avait de quoi : le fiancé de sa fille donnait déjà des signes d'aliénation mentale qui le feront exclure du trône et enfermer. On lui substituera son frère Jean que Marguerite épousera en 1270.

Pour le cadet Philippe, on conclut, en mars 1258, une union qui non seulement équilibre, dans la péninsule Ibérique, celle de son aîné fiancé à Bérengère de Castille, mais met heureusement fin aux litiges séculaires opposant les Capétiens aux rois d'Aragon, en raison de dominations depuis longtemps archaïques. La France prétendait à la Catalogne, au Roussillon et à la Cerdagne (la vieille marche d'Espagne, fondée par les Carolingiens) ; le roi d'Aragon, comme comte de Barcelone, pouvait revendiquer une large suzeraineté dans le Midi de la France. À deux reprises depuis 1234, les deux royaumes furent sur le point d'entrer en guerre ; par bonheur Jacques Ier était surtout attiré par la conquête du royaume maure de Valence. Néanmoins la question restait préoccupante, d'autant qu'Alphonse de Poitiers et Jeanne de Toulouse n'avaient pas d'enfants et que, tôt ou tard, leur héritage viendrait agrandir le domaine royal en bouleversant l'équilibre dans le sud du royaume.

Dans un souci d'apaisement, les deux rois signèrent à Corbeil, en mai 1258, un traité qui réglait la situation d'une façon satisfaisante pour les deux parties [1] en le fortifiant par une convention matrimoniale : le mariage de Philippe avec Isabelle d'Aragon, fille de Jacques Ier.

Cette union a tout pour réjouir Marguerite de Provence. Non seulement c'est un retour à ses sources catalanes, mais elle a profité de la circonstance pour passer en son propre nom un accord avec son cousin d'Aragon. Outre ses droits sur le marquisat de Provence, celui-ci lui a abandonné ceux qu'il

1. Le roi d'Aragon ne conservait plus dans le royaume de France que des droits sur Montpellier et sur Carlat dans le Cantal.

possédait sur tout le comté, en vertu du testament de Raimond Bérenger V [1].

Le pape tenait à ce mariage, garantie de paix. Il reconnut que les liens de consanguinité ne s'y opposaient pas. On attendra cependant 1262 et les seize ans d'Isabelle d'Aragon pour célébrer le mariage. Entre-temps, Philippe était devenu l'héritier du royaume [2].

Déception de Louis de Poissy

Ayant ainsi largement sacrifié à la politique et à la couronne, Louis souhaitait consacrer à Dieu ses derniers enfants nés durant la croisade, et pour deux d'entre eux en Terre sainte. Il voulait voir Jean-Tristan chez les Dominicains de Paris, Pierre chez les Franciscains et Blanche Cistercienne à Maubuisson.

La petite Blanche ne l'entendait pas ainsi. Elle s'adresse à Urbain IV qui lui accorde de quitter le voile au cas où son père l'obligerait à prononcer ses vœux. Cette résistance et sa démarche ne furent sans doute rendues possibles que soutenues par Marguerite, soucieuse de la liberté de sa fille comme de la sienne propre. Au reste, Louis la respecta et, retour à la politique, à quinze ans, Blanche épousera en 1269 Ferdinand de la Cerda, fils aîné et héritier du roi Alphonse X de Castille.

Apparemment, ni Jean-Tristan ni Pierre n'avaient de vocation religieuse, à moins qu'une fois de plus l'intérêt de la couronne ne l'ait emporté. Le premier est fiancé, à huit ans, à une petite-fille du duc de Bourgogne, union qui le fera comte de Nevers ; à treize ans, le second épouse Jeanne de Châtillon, fille et héritière du comté de Blois et de Chartres.

Seule sa sœur Isabelle était destinée à combler les vœux de Louis de Poissy. Refusant d'épouser Conrad de Hohenstaufen

1. Rappelons que ce testament excluant ses deux aînées, les lui accordait, dans le cas ultime où, Sanche n'aurait aucun fils pour le recueillir.

2. Le prince Louis meurt en 1260.

qui la sollicitait, elle mène une vie simple et austère à la cour de France, rivalisant avec son frère dans les exercices de dévotion, avant d'entrer au monastère des Clarisses de Longchamp que Louis lui a permis de fonder. Elle y mourra six ans plus tard, laissant une réputation de sainteté qui lui vaudra sa béatification.

III

LA REINE DE FRANCE
ET LES AFFAIRES ANGLAISES

Les « Provisions d'Oxford »

En se réjouissant de l'entente des rois de France et d'Angleterre, dont elle espérait, entre autres, le renforcement de l'autorité d'Henri sur ses barons, Marguerite n'imaginait pas que cette paix tant désirée allait déclencher de dramatiques événements ébranlant le trône anglais et menaçant la vie même d'Éléonore.

Un mois après l'élaboration du traité de Paris, Henri III réunit le Parlement à Londres, pour l'amener à décider enfin l'expédition sicilienne qui aurait dû se mettre en route en 1256. Le pape Urbain IV s'impatientait, le menaçant même d'excommunication pour n'avoir pas tenu ses engagements financiers et militaires. Marguerite, à la prière de son beau-frère, était intervenue auprès du pontife afin qu'il maintînt le don de la Sicile à Edmond.

Cette réunion du Parlement anglais fut orageuse. Exaspéré par une année d'intempéries et de famine, le mécontentement de la noblesse atteint son paroxysme. Les barons anglais non seulement n'ont aucune raison de partager la haine de la papauté pour les Hohenstaufen, mais ils jugent insensé que, pour ce trône de Sicile, le roi se soit engagé à payer les énormes dettes d'un pape qui, par ailleurs, ne cessait de pressurer le clergé anglais depuis le commencement du règne. Devant cette levée de boucliers, Henri renonce à voir son plus jeune fils couronné roi de Sicile.

Mais la machine à affaiblir l'autorité royale est lancée. À sa tête, se tient Simon de Montfort, comte de Leicester et beau-frère du roi. Outre ce qui concernait les réformes de l'État, Simon est en conflit personnel avec Henri III qu'il méprise. Les barons détestent les Lusignan, les trois demi-frères du roi [1] réfugiés en Angleterre après l'échec de l'expédition anglaise de 1242 à laquelle s'était associé leur père, le comte de la Marche. Ils en oublient que, français, Simon de Montfort est lui aussi un de ces étrangers qu'ils honnissent parce que le roi leur a abandonné toutes les charges publiques.

L'opposition ainsi constituée se réunit un mois plus tard, à Oxford, pour réclamer une profonde réforme du gouvernement. Il en sort ce que les historiens appellent les « Provisions d'Oxford », véritable mise en tutelle du roi. Henri gouvernerait désormais avec un conseil privé de quinze personnes désignées par un comité de vingt-quatre membres, choisis partie par les barons, partie par le roi. Parmi eux, un seul conseiller s'avère fidèle à la prérogative royale.

Incapable de faire front à cette ligue dressée contre lui, Henri se résigne, la mort dans l'âme, et accepte ce qu'on lui impose. Éléonore n'a pas tout de suite mesuré ce qu'impliquaient les Provisions d'Oxford, mais après avoir applaudi, parce qu'elle les détestait, à l'éviction des Lusignan qui durent quitter l'Angleterre en dépit de leur violente résistance, elle s'inquiète à présent pour les Provençaux qui peuplent la cour.

1. Nés du remariage de leur mère Isabelle d'Angoulême, veuve de Jean sans Terre, mère d'Henri III, avec Hugues de Lusignan, comte de la Marche.

De la rébellion à la révolution

Persuadé que, par son onction sacrée, un roi tient son pouvoir de Dieu et que nul ne peut l'amoindrir. Louis IX assure son beau-frère Henri de son soutien. À la remise d'une forte somme d'argent, le roi de France a joint la promesse de l'appui de troupes. Le roi d'Angleterre sort alors de sa torpeur.

De retour en Angleterre, après son long séjour en France à l'occasion de la ratification du traité de Paris, il dénonce les Provisions d'Oxford. En avril 1261, il obtiendra du pape Alexandre IV d'être délié de son serment de les observer. Le pontife a bien compris que le gouvernement des barons et les réformes déjà prises lui lieraient les mains en Angleterre, principale source de profits pour Rome.

L'aspiration réformiste est contagieuse ; après la noblesse, elle atteint la classe moyenne urbaine et rurale qui souffre des abus dont elle est victime de la part des seigneurs des grandes et toutes-puissantes baronnies. Nombre d'entre eux, inquiets pour leurs privilèges, se détachent alors de la ligue pour se rapprocher du trône, à la grande fureur de Simon de Montfort qui, appuyé par les classes moyennes, bénéficiaires de la révolution, les traite de « déserteurs ». En mai 1261, les chefs réformateurs s'adressent au roi de France pour arbitrer le conflit.

Louis se trouve dans une position délicate. D'une part, il ne peut abandonner son beau-frère sans blesser Marguerite, et ce serait aussi renoncer à ses propres idées sur le pouvoir. D'autre part, il est contraint de tenir compte de ses conseillers qui considèrent l'affaiblissement du roi d'Angleterre comme une chance pour le royaume de France. Et comment refuser un arbitrage dont la demande atteste et la confiance qu'on lui accorde personnellement et le prestige de la cour de France ? Avec l'accord d'Henri, il en charge donc « Madame la reine de France », assistée du chambellan, spécialiste de la diplomatie royale.

Richard de Cornouailles a conseillé à son frère d'accepter ce qui lui serait proposé en France. Mais Henri ne voulait pas si facilement « lâcher le morceau ». Il vient en France. On le loge au château de Saint-Maur-des-Fossés où il tombe gravement malade. Marguerite qui entretient avec lui des rapports amicaux s'en émeut : en témoigne la lettre qu'elle lui écrit pour se féliciter de sa guérison.

Il est évident qu'en ce qui concerne le conflit opposant le roi et ses barons, Marguerite penche pour le mari de sa sœur, quoiqu'elle ait pris, contre lui, le parti de Simon de Montfort en ce qui concernait les droits d'Aliénor d'Angleterre sur l'héritage de son père, Jean sans Terre. Est-ce grâce à elle que Simon, pour s'assurer que son épouse ne serait pas frustrée, a obtenu de Louis de bloquer au Temple de Paris une partie de la somme promise au roi d'Angleterre ?

Soutenir le comte de Leicester serait, pour Marguerite, prendre une revanche posthume sur Blanche de Castille qui poursuivit de son animosité l'allié de l'Angleterre [1]. Mais Louis, animé de sa passion pour la justice, n'a nul besoin d'être incité à reconnaître la légitimité des revendications d'Aliénor. Et il est fort possible que dans cette affaire Marguerite n'ait fait qu'entériner la décision de son époux.

Durant toute l'année 1262, la reine de France tente l'impossible pour apaiser la querelle constitutionnelle anglaise. La partie cependant est perdue d'avance. Henri III, qui le pressentait, lui a confié, dès 1261, un certain nombre de bijoux précieux dont elle a fait dresser l'inventaire avant de les mettre en dépôt au Temple de Paris. En 1263, c'est le Trésor anglais qu'il fera transférer en France.

Simon de Montfort, indigné de « l'inconstance parjure » des barons qui ont renoncé à l'opposition, a en effet réussi à reconstituer un véritable parti ; le fils aîné de Richard de Cornouailles y a même adhéré. En janvier 1263, une ultime tentative d'Henri pour se réconcilier avec lui a échoué. Les ambassadeurs anglais chargés de cette mission en ont rendu

1. Rappelons qu'elle avait, par deux fois, empêché Simon de Montfort d'épouser la femme de son choix.

Marguerite responsable sous prétexte qu'elle les a empêchés de s'adresser directement au roi de France. On dit que, de son côté, Simon de Montfort, demeuré à la cour de France, a avoué à Louis être persuadé des bonnes intentions du roi Henri, mais qu'un accord irait contre son honneur.

En fait, Simon se sentait assez fort pour refuser de négocier. De retour en Angleterre, il isole Londres, occupe les ports afin de rendre impossible toute arrivée de renforts du continent et, avec arrogance, somme Henri III d'observer les Provisions d'Oxford.

L'humiliation de la reine d'Angleterre

Londres s'est soulevée. Comme il arrive souvent, un incident particulier, étranger à la situation, a déclenché la révolte : l'assassinat, perpétré par un puissant baron anglais, du plus riche des résidents juifs de Londres, banquier et commensal de la cour. Dans la nuit, ce fut comme le signal d'un impitoyable pogrom : boutiques et maisons pillées, hommes et femmes, jeunes et vieillards, arrachés à leur lit et contraints de courir nus dans les rues sous les quolibets et les insultes, puis, la fièvre montant, massacrés sans pitié.

Cette rage visait la reine Éléonore qui passait pour protéger les juifs, et il était vrai que, depuis son mariage, ils avaient immigré en grand nombre en Angleterre en raison de la tolérance bien connue des Provençaux à leur égard. En les massacrant, on massacrait les partisans de la couronne, les complices des caprices de la reine. Londres avait avec elle l'opposition menée par Simon de Montfort qui attendait l'heure de prendre les rênes.

Le roi et la reine d'Angleterre sont pris au piège dans la Tour de Londres, hérissée de ses treize tours de défense, où ils se sont réfugiés durant la terrible nuit. Henri est effondré. Mais Éléonore qui s'est ressaisie, animée de la même énergie et du même esprit de décision que sa sœur à Damiette, résout de s'enfuir de la Tour pour gagner Windsor, où leur fils Édouard tient garnison après sa récente victoire sur les Gallois.

À l'aube, la reine sort avec quelques suivantes de la Tour pour emprunter la voie d'eau, la seule possible. Mais, de la rive, on guette cette sortie. Et dès qu'Éléonore prend place dans la barque qui l'attendait au quai de la tour Saint-Thomas, le bruit de sa fuite se répand. Aussitôt une foule inonde de sa haine les rives de la Tamise. Et lorsque l'embarcation s'approche du pont, un déluge d'insultes, d'injures grossières, de fruits blets, d'œufs pourris, de boue et d'excréments s'abat sur la reine d'Angleterre.

Faisant face à ce déchaînement, Éléonore ordonne aux rameurs de franchir le pont. Cette détermination, perçue comme un défi, porte à son comble la fureur populaire : « À mort, la sorcière ! » Et d'arracher des pierres et des madriers aux maisons en construction pour en bombarder la frêle embarcation avec l'évidente intention de la couler. Cette fois, Éléonore, pleurant de rage, rebrousse chemin.

Henri, par faiblesse, indécision, a baissé pavillon. Les barons, se réclamant de son autorité, attaquent le château de Windsor et obligent Édouard à l'abandonner.

Marguerite prend fait et cause pour le roi d'Angleterre

Scandalisé par cette double atteinte à la dignité royale, sans plus hésiter, Louis a offert sa médiation. Simon de Montfort, devenu le leader de l'opposition, cette fois ne se dérobe pas afin de rendre crédible sa volonté réitérée d'une « paix durable ».

Le roi d'Angleterre, accompagné de la reine, et Simon de Montfort se sont embarqués à Douvres, à la fin de septembre 1263, par un temps exécrable. Marguerite et Louis se sont portés à leur rencontre à Boulogne-sur-Mer où doivent avoir lieu les pourparlers.

Dans une lettre à Alphonse de Poitiers datée d'octobre, Marguerite se montre pessimiste. Elle ne croit pas à un accord à l'amiable. Personne n'y croit. Si les choses tournaient mal, comme c'était prévisible, écrit-elle à son beau-frère, le roi d'Angleterre aurait plus que jamais besoin d'une flotte solide. Marguerite supplie Alphonse de lui apporter son soutien auprès des nombreux armateurs de la côte qui longe son fief, depuis La Rochelle.

Éléonore a naguère tenté la même démarche, espérant ainsi décourager toute tentative de soulèvement des barons. Alphonse de Poitiers lui avait alors sèchement répondu n'avoir aucun bâtiment disponible. Il n'oubliait pas l'aide apportée par Henri III à ses vassaux révoltés dix ans auparavant !

Marguerite revient à la charge, mais plus habilement. Il ne s'agit plus, comme précédemment, de prêt sans garantie des nefs et galères demandées, mais de simple location. Alphonse se fait alors plus conciliant. Il répond à Marguerite qu'il ne peut louer des bâtiments dont il n'est pas propriétaire, mais qu'il consent à laisser les hommes de La Rochelle se prêter à la transaction. Il précise cependant qu'il ne saurait en aucun cas les y contraindre.

Il est difficile de croire que Marguerite a pris cette initiative en dehors de Louis. Mais toute interférence ferait accuser le roi de partialité, en lui ôtant toute possibilité d'arbitrage. Or il fallait en arriver là, car, comme Marguerite l'a prévu, les deux parties réunies à Boulogne ne parvenaient pas à s'entendre.

En décembre, pour sortir de l'impasse, les adversaires décident de s'en remettre à un arbitrage du roi de France « sur les provisions, ordonnances, statuts et toute obligation d'Oxford, ainsi que sur toutes les querelles et discordes qu'ils avaient et avaient eues jusqu'à la dernière Toussaint ». Henri III et Simon de Montfort comptaient sur une décision avant la Pentecôte, mais Louis IX, qui redoute de voir l'Angleterre s'enfoncer dans l'anarchie, leur donne rendez-vous fin janvier, à Amiens.

Le « Dit d'Amiens »

Louis IX s'est entêté à juger l'affaire du seul point de vue du droit divin des rois et de leurs prérogatives confirmées par le sacre. « Au nom du Père, du Fils et du Saint-Esprit, nous cassons et déclarons nulles les dites Provisions d'Oxford et tout ce qui en découle... », tranche-t-il, le 23 janvier 1264, devant Henri III et la délégation des barons anglais, mais en l'absence du comte de Leicester retenu par une fracture à la jambe consécutive à une chute de cheval. Il libérait ainsi solennellement « le roi, les barons et tous les autres qui s'étaient, en quelque manière, engagés à les observer ».

Cette sentence, le roi de France la justifie par le triste constat des effets des dites Provisions d'Oxford : « Il y a eu grand dommage pour le droit et l'honneur du roi, trouble dans le royaume, oppression et pillage des églises, graves pertes pour les autres personnes du royaume, clercs ou laïcs, indigènes ou étrangers, et l'on peut raisonnablement craindre que ce ne soit pire à l'avenir... ».

Ces paroles retentissent comme un coup de tonnerre en Angleterre, stupéfiant tous les barons, même ceux qui auraient été prêts à se résigner. On crie qu'en évoquant les troubles dans le royaume « qui faisaient craindre pire pour l'avenir », le roi de France s'est laissé abuser « par les mensonges venimeux d'une femme, à savoir la reine d'Angleterre ». La classe moyenne, la bourgeoisie, le petit peuple de Londres, les étudiants et même une grande partie du clergé, en dépit de la bulle du pape venue confirmer le « Dit d'Amiens », clament leur hostilité et leur refus de se soumettre à ce qui n'était pas selon eux un arbitrage mais un verdict, un déni de justice ! C'était plus qu'un soulèvement, plus qu'une révolution, la guerre civile ! Simon de Montfort en a pris la tête, aidé de ses cinq fils et de quelques jeunes barons qui les ont rejoints, indignés de l'égoïsme de leurs pairs.

Henri affronte la tempête avec plus d'énergie qu'on aurait pu lui supposer. Il aurait pu l'emporter. Malheureusement, tout sombre pour les royalistes lors de la féroce bataille de Lewes, au sud de Londres. Et ce, par la faute de l'impétuosité du prince Édouard. Enragé depuis l'affront fait à sa mère, Édouard a lancé la cavalerie qu'il commandait à la poursuite d'un groupe de fuyards londoniens, en hurlant le nom d'Éléonore. Il fit un carnage mais, à son retour sur le champ de bataille, son père et son oncle étaient devenus les prisonniers de Simon de Montfort et il dut ainsi capituler. Horrible 14 mai 1264 !

Marguerite au secours de l'intrépide Éléonore

La nouvelle du désastre parvient à Éléonore demeurée en France. Les barons ont laissé Henri III partir d'Angleterre à condition que Louis IX s'engageât à le renvoyer dès qu'il l'aurait entendu. En revanche, ils ne se sont pas opposés à un séjour de la reine à la cour de France, trop heureux de soustraire ainsi le roi à son influence. Ils n'ont pas non plus sourcillé de la voir emmener avec elle ses jeunes enfants. Quelle imprudence ! Ils n'imaginaient pas la force de caractère qu'Éléonore allait déployer dans le malheur qui frappait la famille royale tout entière.

Éléonore refuse en effet de se laisser aller au désespoir. Elle décide de délivrer son fils captif dans la forteresse de Wallingford ! Rien ni personne, pas même Marguerite, ne peut la dissuader de s'embarquer nuitamment pour rejoindre Bristol où s'est replié ce qui reste de l'armée royale. Son ascendant est tel qu'elle parvient à persuader Sir Warren de Basingbourne, l'écuyer favori d'Édouard, d'attaquer par surprise Wallingford.

En dépit de l'assurance donnée par Éléonore que la forteresse n'était pas défendue, Sir Warren et ses cinq cents cavaliers se heurtent, dans les premières lueurs du jour, à une furieuse résistance. Après quelques heures d'efforts sanglants et inutiles, le gouverneur de Wallingford leur crie du haut du rempart que « s'ils voulaient le prince Édouard, il allait le leur envoyer, mais pieds et poings liés, catapulté par un mangonneau ». La menace était à prendre au sérieux. Édouard vint la confirmer lui-même : « Retournez, Sir ! Retournez ou je suis mort ! »

Éléonore a repris le chemin de la France. Nullement découragée, elle est résolue à organiser une expédition de vaste envergure : l'invasion de l'Angleterre ! Elle sait pouvoir compter sur le soutien de Marguerite. Celle-ci ne lui fait pas défaut. Désormais la reine de France embrasse ouvertement la cause royale anglaise. Le « Dit d'Amiens » ayant été ainsi foulé au pied, Louis n'a rien à redire à ce que Marguerite aide sa sœur à lever des troupes ni à ce qu'elle presse Alphonse de Poitiers de mettre à la disposition de la reine d'Angleterre tous les vaisseaux présents dans ses ports, et à se réconcilier avec son vassal Gaston de Béarn, afin que celui-ci soit libre d'être le chef de guerre d'Éléonore.

La fin du dictateur

En Angleterre, Simon de Montfort, revendiquant le seul simple titre de sénéchal d'Angleterre, exerce une véritable dictature en s'appuyant sur la classe moyenne qu'il a fait, pour la première fois, entrer au Parlement. Mais la paix ne règne pas. Les barons exècrent ce protectorat. Les marches galloises refusent toute assimilation à l'Angleterre et ne désarment pas. Enfin, les envoyés du pape, qui a lancé une sentence d'excommunication contre les barons rebelles, intimident le clergé. Simon de Montfort se maintient, mais par la terreur.

Cependant l'opposition à la dictature s'organise. Le jeune comte de Gloucester, Gilbert de Clare, l'un des trois électeurs [1] chargés de choisir les neuf conseillers du gouvernement, s'est détaché de Simon de Montfort qu'il accuse d'arrogance et de rapacité intéressée. Il prépare un ralliement autour de la bannière royale après avoir obtenu la promesse que la

1. Le sénéchal d'Angleterre, Simon de Montfort, est l'un d'entre eux.

monarchie s'inspirerait de l'esprit des Provisions d'Oxford. Il va favoriser l'évasion du prince Édouard retenu en otage au château d'Hereford.

Le régime auquel le fils d'Éléonore était soumis jusque-là s'est un peu adouci sous la pression du Parlement. Le prince a l'autorisation de faire avec ses gardes une promenade à cheval aux alentours d'Hereford. Lors de l'une d'elles, à la tombée de la nuit, il parvient à échapper à leur vigilance et, à bride abattue, il rejoint ses partisans.

Simon de Montfort, hors de lui, entendait récupérer son otage. Il attendait fiévreusement, à Eversham, l'arrivée de son fils qui devait le rejoindre avec des renforts.

Au matin du 4 août 1265, on lui annonce qu'ils sont en vue. Terrible méprise ! Édouard et ses troupes arboraient par ruse l'étendard du comte de Leicester. Pris au piège, celui-ci s'écrie : « Dieu, aie pitié de nos âmes, nos corps sont aux mains du prince Édouard. » Le combat fut désespéré. Simon de Montfort tomba le dernier. Les haines se déchaînèrent sur le cadavre du dictateur, dépecé et jeté aux bêtes.

Ce fut la fin, du moins officiellement, des Provisions d'Oxford [1].

1. En fait, elles avaient creusé un sillon trop profond et c'est le prince Édouard lui-même qui allait reprendre l'œuvre du vaincu.

IV

LA MORT DE SANCHE DE PROVENCE, COMTESSE DE CORNOUAILLES, REINE DES ROMAINS

Comme si les drames vécus par Éléonore et la situation devenue volcanique en Provence en proie à une nouvelle rébellion féodale soutenue par Béatrix de Savoie ne suffisent pas à tourmenter Marguerite, en novembre 1261, Sanche meurt à trente-trois ans, solitaire, l'âme blessée, dans son château de Cornouailles.

Cette disparition affecte Marguerite car, au cours des séjours de sa jeune sœur à la cour de France, elle a appris à la connaître et à l'aimer. Peut-être s'est-elle souvent reproché d'avoir amplement contribué à sa malheureuse union que ne vint sûrement pas compenser le titre de reine des Romains, car Sanche était dépourvue d'ambition. Mais Marguerite, lors de ce couronnement en 1257, dut en concevoir un certain orgueil familial, quoiqu'elle ne fût certainement pour rien dans cette élévation, en dépit de la forte implication de Louis dans l'affaire de l'Élection impériale.

L'affaire de l'Élection impériale

La haine du pape Innocent IV avait suscité en Allemagne deux rivaux successifs à l'empereur Frédéric II, déclaré déchu en 1245 au concile de Lyon, malgré les interventions de Louis. Élections entachées d'illégalités, mais que l'autorité pontificale imposa.

Le 13 décembre 1250, Frédéric II disparaissait. Soucieux de créer une dynastie, il avait fait élire, à l'âge de neuf ans, par la Diète de Vienne et de Spire, son fils Conrad [1], élevé à Augsbourg par des conseillers allemands. C'est donc en toute légalité que Conrad héritait du titre de roi des Romains, titre ouvrant la porte de l'empire germanique, et de roi de Sicile où il n'était jamais allé, comme de celui du royaume, bien fictif, de Jérusalem. Quatre ans plus tard, il mourut à Messine de dysenterie, laissant un enfant de deux ans, Conradin.

Alexandre IV, se saisissant du flambeau vengeur d'Innocent IV, mort peu de temps après Conrad, entendit lui aussi éliminer les Hohenstaufen, qualifiés par le défunt pape de « race de vipères ». Aussi, lorsque, en janvier 1256, disparut Guillaume de Hollande, le dernier empereur couronné par Innocent IV, le pontife s'opposa à la désignation de Conradin. La voie était libre.

Charles d'Anjou, pressenti par Alexandre IV, entra en lice, mais Louis avait privé son frère de toutes ses chances en le contraignant à restituer le Hainaut à leurs légitimes héritiers [2], ce qui ne lui assurait aucun appui dans le Nord, et en soutenant lui-même ouvertement Alphonse X de Castille, le futur beau-père de son fils, Louis de France.

Outre les perspectives heureuses qu'une élection de la Castille à l'empire ouvrirait à l'héritier du royaume de France, Louis craignait celle de l'autre compétiteur, Richard de Cornouailles. L'époux de Sanche de Provence, devenu empereur, ferait

1. Conrad, son fils légitime, né de Yolande de Brienne, reine de Jérusalem. Manfred, l'autre fils de Frédéric et son préféré, était né de sa maîtresse, Philippa, légitimée par l'empereur sur son lit de mort.

2. Durant l'absence de Louis en Orient, Charles d'Anjou avait accepté de Marguerite, comtesse de Flandre et du Hainaut, le don qu'elle lui faisait du Hainaut au détriment de ses fils d'un premier lit. Louis IX, à son retour, força Charles à y renoncer.

peut-être valoir par les armes les droits de l'empire sur le royaume d'Arles, au détriment de Charles d'Anjou.

Peut-être Marguerite souhaitait-elle secrètement que Richard empereur vînt mettre un terme à la toute-puissance en Provence de son beau-frère détesté. Aucun document n'atteste cependant qu'elle fût pour quelque chose dans le changement de cap de Louis qui, à mesure qu'avançait la campagne électorale, n'apporta plus qu'un appui théorique à la candidature d'Alphonse de Castille, quoique approuvée par le pape.

En revanche, on sait que, au début de 1257, Aymar de la Marche, un des demi-frères d'Henri III et de Richard de Cornouailles, vint en ambassade auprès de Louis. Était-il porteur d'assurances sur les intentions des Plantagenêts concernant la Provence ? Car, à ce moment-là, ce qui préoccupait avant tout l'Angleterre était l'entente avec le roi de France qui permettrait de mettre en route l'expédition sicilienne. Louis monnaya-t-il sa neutralité dans l'élection impériale pour conclure avec l'Angleterre ce traité de Paris dont il tira grand bénéfice ?

De son côté, Alphonse de Castille, après avoir dépensé une fortune pour s'assurer le maximum de voix, mesurait le danger de s'enfoncer dans l'intérieur de l'empire dont la partie nord occidentale, entre l'Escaut et le bas Rhin, se révélait tout acquise à la candidature du comte de Cornouailles. Il ne contesta pas l'élection de ce dernier.

Richard et Sanche, quittant l'Angleterre, furent couronnés, le 17 mai 1257, roi et reine des Romains par l'archevêque de Cologne.

Aix-la-Chapelle, ce jour-là, donna faussement le spectacle d'une famille unie. Mais, dès le lendemain des fêtes du couronnement, Richard s'empressa de renvoyer Sanche en Cornouailles tandis qu'il emmenait sa belle maîtresse, la comtesse de Falkenstein, conquérir son empire, toute une partie de la noblesse allemande demeurant farouchement fidèle aux Hohenstaufen.

La nécessité de chercher de l'argent pour réduire la résistance des régions du haut Rhin, la Germanie intérieure et ses confins orientaux, ramena Richard en Angleterre. Il en repartit au cours de l'été 1260, accompagné de la comtesse de Falkenstein.

Sanche, demeurée en Cornouailles, ne revit jamais plus son époux infidèle. Il ne parut même pas à ses funérailles qu'Éléonore voulut magnifiques. Et, deux ans plus tard, Richard épousa la comtesse de Falkenstein.

Néanmoins, en 1272, sa tombe voisinera celle de Sanche, dans l'abbaye cistercienne de Hayle, où reposait aussi son fils, Henry d'Almaine, mort assassiné par les frères de Simon de Montfort.

Frappé de congestion cérébrale, consécutive à cette tragédie, Richard de Cornouailles mourut paralysé, à la veille d'être enfin couronné empereur. Alexandre IV, pour ménager Alphonse de Castille, avait tardé à l'appeler à Rome avec Sanche pour ce couronnement. Ses successeurs retardèrent aussi cette décision sans que ni le roi de France ni celui d'Angleterre n'interviennent pour la hâter. Mais, impératrice, Sanche eût-elle été plus heureuse ?

V

BÉATRICE DE PROVENCE, COMTESSE DE PROVENCE, REINE DE SICILE

Romée de Villeneuve assurait jadis au comte de Provence que donner Marguerite au roi de France ouvrirait aux trois cadettes la porte d'autres royaumes ; cette prédiction était en passe de se réaliser entièrement : Béatrice, la « petite » sœur de Marguerite, allait enfin égaler ses aînées en devenant reine de Sicile.

Son beau-frère, le roi de France, a dû pour cela faire taire ses scrupules concernant l'héritage de l'empereur Frédéric II, dont il n'avait jamais accepté la déposition, et ses sentiments à l'égard de Marguerite qui soutenait l'espoir sans faille d'Éléonore de parvenir à hisser son fils Edmond sur ce trône.

L'histoire de la prise de possession par Charles d'Anjou du royaume de Sicile, constitué par l'île sicilienne et les possessions des Hohenstaufen en Italie méridionale, a eu tant d'importance pour l'avenir de la dynastie capétienne et tenu tant de place dans les préoccupations de Marguerite qu'on ne peut éviter de la retracer dans ses grandes lignes ténébreuses et sanglantes.

Louis IX accepte le trône de Sicile pour Charles d'Anjou

À la mort, en mai 1254, de Conrad de Hohenstaufen, héritier de l'empereur Frédéric, son demi-frère, Manfred [1], refusant de rendre la Sicile au pape [2], s'est proclamé lui-même régent du royaume dont le fils de Conrad, Conradin, âgé de deux ans, ne pouvait assumer l'héritage. Innocent IV somma les deux seigneurs allemands, l'évêque de Constance et l'abbé de Saint-Gall, de lui livrer l'enfant que Manfred leur avait confié en Carinthie. Les ecclésiastiques refusèrent avec indignation. Le pape envoya alors un détachement de mercenaires à Saint-Gall avec mission de lui ramener Conradin, « mort ou vif ». Ils revinrent bredouilles. Deux moines de l'abbaye avaient réussi à cacher l'enfant. Pour le mettre plus sûrement à l'abri d'un enlèvement, ses protecteurs feront courir plus tard le bruit de sa mort.

Innocent IV ne devait pas survivre à la défaite infligée aux troupes pontificales lancées contre Manfred pour le déloger d'Italie. Il meurt en décembre 1254, furieux et amer, sans avoir pu exterminer les Hohenstaufen.

Ses successeurs n'ont pas à assouvir une haine personnelle pour les Hohenstaufen, mais tous redoutent de voir Rome prise en tenailles entre leurs possessions au Nord et au Sud de la péninsule, d'où leur volonté commune de chasser Manfred de son trône.

Le falot Alexandre IV n'avait ni l'énergie ni les capacités que requérait l'entreprise. Il s'est contenté d'investir officiellement du trône Edmond d'Angleterre alors qu'Henri III était

1. Conrad l'avait nommé son vicaire en Italie.

2. La Sicile musulmane durant deux siècles et demi a été conquise par les ancêtres normands de Frédéric II, couronnés rois de Sicile par la papauté. Ce fut au pape Innocent III qu'en mourant, Constance de Hauteville, héritière des rois normands, avait confié la tutelle de son fils Frédéric, alors âgé de trois ans, et celle du royaume dont elle le fit couronner roi. La Sicile, possession personnelle des Hohenstaufen, fut considérée sous obédience pontificale, d'où l'exigence d'Innocent IV.

toujours dans l'incapacité d'entreprendre l'expédition nécessaire pour le conquérir.

Le pape champenois Urbain IV qui lui succéda, en août 1261, était d'une autre trempe. Le délai fixé au roi d'Angleterre pour se mettre en campagne ayant expiré, il se montra inflexible pour le prolonger malgré les supplications d'Henri III et l'intervention vibrante de Marguerite. Il souhaitait, « pour le bien de la Chrétienté », disait-il, un souverain assez puissant pour expulser l'usurpateur Manfred d'Italie et s'asseoir sur le trône de Sicile. Le nonce apostolique, Albert de Parme, partit le proposer au roi de France, pour lui ou l'un de ses fils.

Louis refusa l'offre : il estimait inique de priver Conradin de son héritage légitime sans l'assurance formelle de sa mort. Une disparition dont le bruit a couru et que Manfred, de bonne foi ou non, a accréditée pour se faire acclamer roi par les barons siciliens et couronner à Palerme par l'évêque d'Agrigente en août 1258. Un coup d'État que le pape a sanctionné par une excommunication.

Le roi dut cependant s'engager à reconsidérer sa position, lorsqu'Albert de Parme lui rappela discrètement la clause d'excommunication que le Saint-Père ne souhaitait certes pas appliquer, dit-il, mais que le péril couru par la Chrétienté justifierait. La Sicile demandait un souverain respecté, capable d'assurer l'ordre, la paix, la concorde avec la papauté, et dégager Rome de l'étreinte d'un bâtard dans les mains duquel Conradin, s'il s'avérait qu'il fût encore vivant, ne serait qu'un jouet. Un jouet que Manfred n'hésiterait pas à détruire s'il devenait gênant [1].

Ce royaume de Sicile, Louis finit donc par l'accepter non pour lui ni pour aucun de ses fils mais pour Charles d'Anjou qu'il autorisa à entrer en pourparlers.

---

1. Les ennemis de Manfred affirmaient que celui-ci avait hâté la mort de son père agonisant, et qu'il avait fait allumer l'incendie de la cathédrale de Messine, où était inhumé Conrad, afin d'en effacer jusqu'au souvenir.

Était-ce pour dédommager son frère de la perte du Hainaut auquel il l'a jadis contraint de renoncer et offrir un champ plus large à son impatience et aux capacités de souverain dont Charles faisait largement preuve tant en Anjou qu'en Provence ? Ses conseillers ne l'en ont pas découragé, sûrement pas fâchés de débarrasser la France d'un personnage à l'ambition démesurée qui pouvait se révéler dangereuse si le roi venait à disparaître.

En dépit du regret de la décision de Louis qui privait Éléonore de tout espoir, on peut penser que Marguerite partagea le sentiment des conseillers.

Joie et affres de la comtesse de Provence

Béatrice de Provence est aux anges à l'idée d'être reine. D'un naturel jaloux et aussi ambitieuse que son époux, elle prenait sa revanche. Non seulement elle deviendrait l'égale de ses sœurs, mais elle humilierait Éléonore qui devait ainsi renoncer à voir son fils couronné.

Il y avait cependant encore loin de la coupe aux lèvres. Les événements bouleversant l'Empire latin d'Orient et la part que Manfred se proposait d'y prendre interrompirent les négociations amorcées.

Les Grecs de Nicée, alliés aux Bulgares, ont attaqué l'Empire. Le 27 juillet 1261, Baudouin II fuit Constantinople en flammes. Après un passage à Rome, il s'est rendu à la cour de Sicile où il savait trouver une oreille complaisante. Manfred a déjà esquissé une politique orientale en épousant, en 1258, la belle Hélène d'Épire, fille du despote Michel Ange, qui lui apportait en dot Corfou et quelques points sur la côte albanaise. Baudouin lui promet de le réconcilier avec l'Église s'il se faisait son champion contre Michel Paléologue, l'usurpateur grec, pour ressusciter l'Empire latin au profit de son empereur légitime, lui, Baudouin.

Urbain IV, mis au courant, ne pouvait se refuser à étudier la question d'une réconciliation avec Manfred. Louis IX l'a prise d'emblée si au sérieux qu'il arrête Albert de Parme en chemin pour rencontrer Charles d'Anjou.

En fait, Baudouin se laissait berner. Pour Manfred, Constantinople était une proie à saisir pour lui-même. Fort des liens matrimoniaux noués avec le roi d'Aragon [1], de ceux d'amitié qu'il entretenait avec la Catalogne et de ceux qu'il avait maintenus avec les seigneurs du royaume d'Arles et les gibelins d'Italie, il voyait la possibilité de constituer à son profit un empire latino-byzantin – le rêve de son grand-père, l'empereur Henri II de Hohenstaufen – qui compenserait la perte de la Germanie, à présent aux mains de Richard de Cornouailles.

Manfred n'a même pas cherché à rencontrer le pape. Il s'agit désormais pour Urbain IV, comme pour Charles d'Anjou, de briser son essor avant qu'il ne soit trop tard. Louis ne peut plus hésiter. D'autant qu'il songe déjà à une nouvelle croisade. La Sicile constituerait alors une base utile.

Les négociations reprennent donc, laborieuses, car les exigences pontificales sont nombreuses. Déjà Alexandre IV, sachant combien la grave mésentente de Marguerite et de Charles [2] affectait le roi, avait mis leur réconciliation comme condition à la cession de la Sicile au comte d'Anjou. Mais Charles avait sèchement refusé de se plier à cette exigence ; sa conquête nécessitait trop d'argent pour s'acquitter de sa dette, et il était certain que la papauté avait trop besoin de son bras pour faire de son refus un motif de rupture.

Pendant qu'on discutait, Manfred encerclait les États de l'Église, ce qui contraignit Urbain IV à se réfugier à Pérouse. C'est son successeur, Guy Foulques, ami et conseiller de

1. Il lui avait donné en mariage sa fille Constance, née de ses premières noces avec Béatrice de Savoie, nièce de la comtesse douairière de Provence.

2. Rappelons que le comte d'Anjou s'était emparé de toute la Provence sans aucun égard pour les stipulations des contrats de mariage des deux sœurs aînées de Béatrice, et sans même que leurs dots aient été intégralement versées.

Louis IX, élu en février 1265 sous le nom de Clément IV après un long conclave de quatre mois, qui appelle au secours : Manfred marchait sur Rome.

Les événements dès lors se précipitent. En mai, Charles s'embarque en hâte avec une armée de cinq mille chevaliers recrutés en Anjou et en Provence. Béatrice a vendu ses plus beaux bijoux pour financer l'opération, et déployé toute sa séduction et ses efforts pour convaincre les seigneurs de suivre son époux. Elle leur dépeignait la Sicile comme la Terre promise où ils récupéreraient au centuple terres et châteaux vendus pour l'amour d'elle !

Le 21 juin 1265, devançant Manfred, Charles, que les Romains ont déjà proclamé Sénateur, entre dans Rome. Le pape ne peut faire moins que de prononcer l'annulation de l'investiture d'Edmond, le fils d'Henri III, et le 29, à Saint-Pierre, cinq cardinaux couronnent Charles d'Anjou et Béatrice de Provence roi et reine de Sicile.

La conquête

« On donnait la lune, restait à la décrocher », avait dit Richard de Cornouailles en refusant ce même royaume qu'Innocent IV, le pontife d'alors, lui offrait en 1243.

Charles et ses troupes angevines et provençales, doublées par celles de ses alliés en Lombardie et des guelfes florentins [1], se sont mis en route le 20 janvier 1266. Il compte surprendre l'ennemi, l'hiver suspendant habituellement toute campagne.

Manfred s'est installé à Capoue, la ville forte sur le Volturno qui défendait les approches de Naples, couvert par la ligne de châteaux de la vallée du Liri. Charles prend d'assaut la forteresse d'Arce aux murs cyclopéens dressés au sommet d'une

1. Guelfes, partisans des papes en Italie, opposés aux gibelins, partisans de l'empereur.

éminence abrupte ; il obtient sans peine la reddition des petites places du voisinage, attaque et enlève San Germano (Cassino d'aujourd'hui) bien que protégée par ses hautes montagnes et par les marais du Rapido. Le 10 février, c'en est fait de la ligne du Liri.

Restait celle beaucoup plus forte du Volturno. Manfred attend Charles sur le cours inférieur du fleuve ; mais Charles va le passer dans son cours supérieur et audacieusement il se lance dans les âpres montagnes du Samnium. Le 21 février, il arrive à proximité de Bénévent, d'où il n'aurait plus qu'à redescendre sur Naples.

Manfred l'a prévenu. Sa position est excellente. Il pourrait barrer la route sans combattre l'envahisseur épuisé après une aussi longue marche de montagne et attendre des renforts. Mais, contre l'avis de ses conseillers, il préférera livrer bataille aussitôt. Il a besoin d'une victoire pour conforter les dispositions de ses sujets à son égard. Il va s'établir dans la plaine au Nord de la cité.

Au soir du 26 février 1266, Charles d'Anjou, entré à Bénévent, écrit en hâte au pape : « Après un combat acharné des deux côtés, nous avons enfoncé avec l'aide de Dieu les deux premières lignes de l'ennemi, en sorte que les autres cherchèrent le salut dans la fuite. Le massacre fut si grand que les cadavres empêchent de voir le sol. [...] De Manfred on ne sait rien : s'il a été tué dans la bataille, fait prisonnier ou s'il s'est enfui. Le cheval qu'il montait est dans nos mains, ce qui pourrait faire croire qu'il est mort. »

Le dimanche 28 février, on découvre effectivement le corps nu et mutilé de Manfred, gisant au milieu des morts, au lieu dit du *champ des roses*.

« Charles estima ce nom beaucoup trop beau pour y abriter la sépulture d'un excommunié. Il fit jeter le corps dans un champ d'épandage situé à Rocca d'Epandra où les habitants de la ville avaient l'habitude de déverser leurs ordures. Après quoi il fit défiler sa troupe devant la fosse. En signe d'exécration, chaque Angevin, chaque Provençal y jeta une pierre en passant, jusqu'à ce qu'elle fût recouverte par une pyramide de gravats »[1].

Clément VII écrit au roi de France en mai : « Notre très cher fils Charles, roi de Sicile, tient pacifiquement tout le royaume, ayant en son pouvoir le cadavre putride de cet homme pestilentiel, sa femme, ses enfants et son trésor. »

Tristes lendemains d'un triomphe

Reine de Sicile, Béatrice profitera de sa gloire à peine plus d'une année. La cadette de Marguerite meurt à Nocera en juillet 1267, l'année de ses trente-trois ans, atteinte sans doute du même mal qui emporta Sanche.

Elle avait eu la joie de mettre huit enfants au monde[2], la douleur de perdre deux fils, l'un mort-né à Chypre, le second à Naples, où elle venait d'arriver.

À l'instant de ses funérailles solennelles, en octobre, les cris de « Vive Conradin ! » semèrent la confusion. Le fils de Conrad que l'on croyait mort déferlait sur l'Italie à la tête de dix mille chevaliers allemands ! Brève, folle, héroïque épopée d'un prince de quatorze ans, rêvant de rétablir l'empire des Hohenstaufen, et qui se terminera sur le versant occidental des Abruzzes où l'attendait Charles d'Anjou.

---

1. *Frédéric de Hohenstaufen*, J. Benoist-Méchin.

Plus tard, l'évêque de Costenza ordonna d'exhumer le corps de Manfred et le fit jeter dans le fleuve Rio Verde « pour qu'il ne reposât pas en terre chrétienne et qu'il n'en substituât pas le moindre élément ». Dante fait dire à Manfred : « Les os de mon corps seraient encore au bout du pont, près de Bénévent, sous la garde du lourd monticule./Maintenant les baigne la pluie et les meut le vent, hors du Royaume, aux environs du Vert où il les transféra, lumières éteintes. »

2. Louis (1248-), Blanche (1250-1269) mariée au comte de Flandre, Béatrice (1252-1275) mariée en 1273 à Philippe Ier de Courtenay, fils de Baudouin, empereur de Constantinople, **Charles** (1254-1309), Philippe (1256-1277) prince d'Achaïe, marié en 1277 à Isabelle de Villehardouin, princesse d'Achaïe et de Morée, Robert (1258-1265), Élisabeth (1261-1300) mariée à Ladislas IV, roi de Hongrie.

Marguerite de Provence. Vitrail de l'abbaye de Saint-Denis.

(The Pierpont Morgan Library, New York).

Blanche de Castille
Enluminure.

B.N.F.

Le mariage de saint Louis et de Marguerite de Provence, célébré le 27 mai 1234 à Sens.

Le couple royal dans la chambre nuptiale.

Départ de saint Louis pour la croisade. Enluminure.
(British Library)

Photo RMN

Embarquement de saint Louis pour la croisade. Enluminure. (Musée du Louvre).

Sceau de Marguerite de Provence.

Captivité de saint Louis en Égypte.

Le couple royal reçoit en audience. Enluminure.

Couronnement de Philippe III,
fils de saint Louis et de Marguerite de Provence.

Photo D.R·

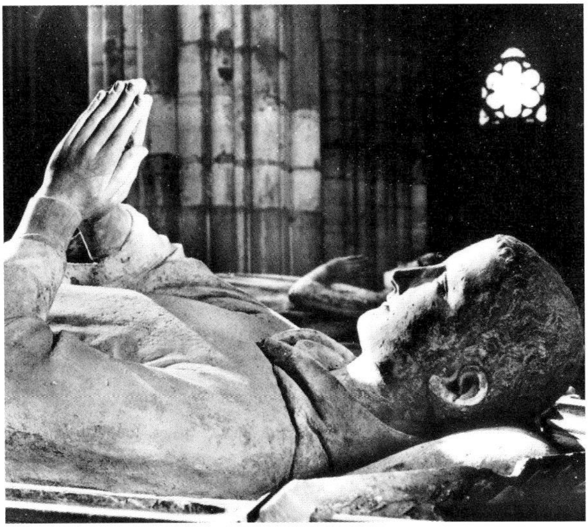

Gisants de Louis et d'Agnès, deux enfants morts jeunes de Marguerite de Provence. (Abbaye de Saint-Denis)

Gisant de Blanche de Castille. (Abbaye de Saint-Denis)

Gisant de Philippe III. (Abbaye de Saint-Denis)

Photo D.R·

Marguerite de Provence.
Lithographie de François Séraphin Delpech, exécutée au début du XIXe siècle. (B.N.F.)

Béatrice et Charles d'Anjou avaient formé un couple fortement uni, exemplaire. Charles avait assurément toutes les qualités physiques et morales qui pouvaient le faire admirer et aimer par son épouse. Elle n'avait cessé de le soutenir dans ses projets ambitieux. Ce n'est que tardivement, lors de la dernière et secrète conjuration provençale, fomentée en 1264 pour secouer le joug comtal, que Béatrice put découvrir sa cruauté. On ne sait si elle en conçut de l'effroi lorsque, le 28 octobre 1264, la conjuration ayant été découverte, douze têtes parmi les membres de l'ancienne aristocratie tombèrent sous la hache, au Plan Saint-Michel. Elle a pu penser que cette atrocité était nécessaire à la sécurité de la Provence, et de fait il n'y eut plus jamais de rébellion. On veut croire cependant qu'elle aurait partagé la consternation de l'Europe tout entière lorsque, le 29 octobre 1268, le sabre s'abattit, en place publique, sur le jeune Conradin et l'ami qui avait partagé sa folie [1].

À cette barbarie s'en ajoutait une autre. Après sa victoire sur Manfred, Charles ordonna la capture d'Hélène d'Épire qui tentait de regagner sa Grèce natale avec ses quatre enfants, et condamna les malheureux à la prison perpétuelle. Séparés de leur mère, les petits garçons – l'aîné avait à peine six ans – vivaient enchaînés à un pilier, les yeux crevés, dans le sous-sol du fameux Castel del Monte construit par Frédéric II dans les Pouilles. Le silence sur ce sort terrible était assez épais pour être ignoré en Europe, mais Béatrice qui résidait à Naples, jouissant des immenses richesses prises aux Hohenstaufen, ne

1. « À posteriori on a justifié cette cruauté : la disparition du dernier des Hohenstaufen était une nécessité politique pour l'Angevin. Elle était aussi la condition du châtiment suprême de ses partisans du Royaume qui, après avoir reconnu Charles d'Anjou et en avoir recueilli les faveurs, l'avaient trahi. Enfin, en faisant mettre à mort, au matin de la bataille de Tagliacozzo, son prisonnier, le maréchal angevin Jean de la Brayselve, Conradin s'était soumis à la loi du talion. Le roi de Sicile, esprit légaliste et méticuleux, voulut que sa mort fût précédée d'un procès régulier, comme si un tel procès pouvait être autre chose qu'une façade. » É.-G. Léonard, *Les Angevins de Naples*.

pouvait ignorer dans quelles conditions inhumaines la fille de Manfred survivait, enfermée à seize ans dans les geôles du Castel del Ovo.

L'antipathie que Marguerite ressentait sourdement pour son beau-frère, en dehors même de leur conflit d'intérêts, était assurément justifiée. La disparition prochaine de Louis la délivrera de toute obligation de réserve pour l'exprimer.

VI

LA MORT DU ROI LOUIS

Annonce d'une nouvelle croisade

Le roi convoque tous ses barons à Paris, au cours du carême 1267, insistant sur la présence du sénéchal de Joinville, alors que ce dernier souffrant d'une fièvre quarte le priait de l'en dispenser.

Mystérieuse convocation. « Quand j'arrivai le soir de la veille de Notre-Dame en mars, je ne trouvai personne, ni la reine ni être qui sache me dire pourquoi le roi m'avait convoqué », écrit Joinville.

La cour se perd en supputations. Lorsque le lendemain, à la chapelle royale, les barons voient le roi monter à la tribune des reliques et faire apporter un morceau de la Vraie Croix, l'un, saisi d'un pressentiment, dit à son voisin : « Ne me croyez jamais, si le roi ne se croise pas maintenant. » Et l'autre de répondre : « Si le roi se croise, ce sera une des plus douloureuses journées qui ait jamais été en France ; car si nous ne nous croisons pas, nous perdrons le roi, et si nous nous croisons, nous perdrons Dieu parce que nous ne prendrons pas la croix pour Lui, mais par peur du roi. »

Le 27 mars 1267, jour fixé pour la réunion, le roi annonce solennellement que, répondant à la détresse de la Terre sainte aux mains des Mamelouks [1], il prend la croix et invite ses seigneurs à le suivre.

Louis répondait ainsi au cri de Rutebeuf :

Ha, roi de France, roi de France !
La loi, la foi et la croyance
Vont presque toutes chancelant :
Que ferais-je, vous le celant ?
Secourez-les ; il en est temps,
Et vous et le comte de Poitiers,
Et les autres barons ensemble...
Or convient que vous y alliez
Ou que vous envoyiez vos gens
Sans épargner or ou argent.

Malgré les sollicitations pressantes du roi, Joinville ne répond pas à ce qu'il estimait, comme beaucoup, une folie coupable parce qu'elle mettait en danger le roi à la santé si fragile et le royaume qu'il abandonnerait à toutes les aventures : cette croisade ne serait pas la sienne. En revanche, tous les autres barons, même ceux qui s'étaient montrés peu favorables au projet, s'y rallient le jour de la Pentecôte 1267, où l'on célébrait l'adoubement du prince héritier Philippe, l'époux depuis quatre ans d'Isabelle d'Aragon, et de nombreux jeunes nobles qui, dès cet instant, constitueront sa garde.

Bien que le roi, en marche vers la sainteté, incline à présent à restreindre les dépenses, il n'a pas lésiné pour donner un

1. Après avoir rejeté en Perse les Mongols qui avaient envahi en 1260 la Syrie musulmane, les Mamelouks d'Égypte, auxquels les Francs avaient permis d'emprunter leur territoire, les virent se retourner contre eux. Le 27 février 1265, le redoutable général Baybars, assassin du sultan, prenait Césarée, en avril Arsou, en juillet la forteresse des Templiers. En mars 1268, les Mamelouks seront à Jaffa et deux mois plus tard ils s'empareront d'Antioche.

éclat particulier à cette fête. Banquets, joutes, tournois, divertissements se succédèrent dans le splendide jardin du palais de la Cité. Les frais dépassèrent de près de cinq fois la somme déboursée pour son mariage avec Marguerite. Le prestige royal et l'autorité du souverain s'avèrent à présent tels que ses vassaux ne peuvent que s'incliner devant ses décisions.

La résolution de Louis n'a sûrement pas surpris Marguerite. Elle le sait hanté par l'échec de la croisade de 1248, une humiliation pour la Chrétienté, dont il s'attribuait la faute. Si inquiète qu'elle soit, elle ne saurait le dissuader de vouloir la réparer. On ne l'entendra pas se plaindre d'avoir à participer à l'effort de guerre en réduisant considérablement, les comptes le prouvent, le train de vie de l'hôtel royal et le sien.

Louis prive Marguerite de la régence

Ce n'est qu'en 1270, le 14 mars, les préparatifs enfin achevés, que Louis prend le bourdon et l'escarcelle du pèlerin pour s'embarquer de nouveau à Aigues-Mortes.

La Chrétienté n'a pas de pape. Alors que Clément IV a disparu en novembre 1268, le conclave n'a pas encore réussi à se mettre d'accord sur le nom de son successeur. Cette vacance n'a pas facilité les négociations afférant à une telle entreprise.

Le 15 mars, à Vincennes, Louis fait ses adieux à Marguerite. Cette fois, elle ne l'accompagne pas en Orient où il part avec leurs deux fils, Philippe et Jean-Tristan. Alphonse de Poitiers les accompagne, mais on attendra longtemps Charles d'Anjou. Roi de Sicile, Charles a repris à son compte les ambitions de Manfred sur les Balkans et la préparation de sa propre expédition sur Constantinople mobilise toute son attention et tous ses efforts.

Si Louis laisse cette fois en France Marguerite, ce n'est pas parce qu'il lui a confié la régence, comme jadis à sa mère. Il a remis le gouvernement à deux de ses conseillers, un religieux et un laïc – prévoyant même leurs remplaçants au cas où l'un d'eux viendrait à disparaître. En refusant ainsi à son épouse toute participation au pouvoir, redoutait-il ses initiatives politiques ? S'inquiétait-il de son ambition ?

Qui eût parlé d'une Marguerite de Provence ambitieuse avant qu'en 1263 Pierre de Brosse, le mentor de son fils Philippe, ne découvre le serment solennel qu'elle a fait secrètement jurer à l'héritier de la couronne de lui obéir en tout jusqu'à l'âge de trente ans, de ne prendre aucun conseiller qui lui soit hostile et de ne contracter aucune alliance avec Charles d'Anjou ?

Ce serment incroyable, dont le roi fut immédiatement avisé par Philippe pris de remords, selon les uns, ou, selon les autres, par le fidèle Pierre de Brosse, Marguerite aurait pu le justifier : son fils était « faible d'esprit », comme disaient certains, et inquiétant, à ses yeux, l'ascendant que Pierre de Brosse prenait sur lui.

Le roi Louis, à la disparition de son fils aîné en 1260, avait été placé devant la nécessité de donner un tuteur au nouvel héritier du royaume, car jusque-là il avait échoué dans l'éducation de cet adolescent difficile. Philippe était demeuré très puéril, rétif à l'étude, ne brillant que dans les exercices physiques où il déployait une force et une violence si inquiétantes qu'on devra lui interdire les joutes. Louis choisit Pierre de Brosse comme conseiller de Philippe parce qu'il appréciait la fidélité, la vive intelligence et toutes les autres capacités qui avaient permis à ce modeste Tourangeau de se hisser jusque dans l'entourage royal. Ce faisant, Louis refusait à Marguerite ce rôle de tutrice qu'elle briguait. Le roi ne voulait sans doute pas voir une seconde Blanche de Castille faire peser sur son fils une autorité maternelle dont, sans volonté ni envergure, il ne pourrait jamais se dégager.

Marguerite s'était inclinée, mais elle eût cependant préféré un autre choix que celui de Pierre de Brosse, dont elle redoutait instinctivement l'ambition – l'avenir lui donnera raison. Elle fit cependant contre mauvaise fortune bon cœur, car Pierre de Brosse était de ceux qui favorisaient jadis les furtives rencontres des jeunes mariés dans l'escalier du château de Pontoise.

D'autre part, Brosse et les siens constituaient « le clan tourangeau » sur lequel elle pouvait compter face à l'hostilité que lui manifestaient les conseillers du roi, et dont elle aurait à se protéger au cas où elle survivrait à son époux. D'où les promesses extorquées à Philippe.

Louis le comprit sûrement, car il ne lui tint pas rigueur de cet acte pour le moins impudent, mais il demanda à Urbain IV de délier Philippe de son serment, car seul le pape en avait le pouvoir. Ce qui fut fait en juin 1263. Quelques mois plus tard, le roi nomma Pierre de Brosse chambellan.

Certains historiens insistent cependant sur la défiance de Louis à l'égard de son épouse, défiance qui l'aurait amené à la priver de la régence ; d'autres vont jusqu'à parler de mésentente conjugale, voire de désaffection. Suffiraient à démentir un quelconque désamour les dispositions prises par Louis concernant Marguerite.

Le roi, la veille de son départ, entend non seulement mettre « sa très chère épouse », écrit-il, à l'abri du besoin, mais rendre son existence plus facile et agréable. En tête de son testament, il lui lègue quatre mille livres qui s'ajoutent aux revenus de son douaire. Jadis réduit à Orléans, celui-ci s'étend à présent au cœur du domaine royal avec les châteaux de Corbeil, Poissy, Meulan, Vernon, Pontoise et Étampes.

Louis ne se soucie pas moins de voir Marguerite entourée de respect et d'affection. Dans les *Instructions*, composés en 1270 pour Philippe et Isabelle, la comtesse de Champagne et reine de Navarre, il recommande de chérir et d'honorer leur mère.

En ce qui concerne la régence, le roi a de bonnes raisons de se méfier du caractère impulsif de sa femme, de ses partis pris, de ses haines, des limites de son intelligence politique qui la rendait incapable de la souplesse nécessaire dans certaines circonstances. Il choisit de laisser le gouvernement à ceux qui avaient été étroitement liés à son exercice, capables donc d'en assurer la continuité. Et s'il tient Marguerite en dehors, c'est également peut-être pour ménager sa tranquillité. Se souvenant des difficultés dans lesquelles Blanche de Castille s'était débattue, il les épargne ainsi à son épouse, et connaissant sa grande sensibilité, son horreur des affrontements, il la protège d'éventuels conflits avec ses conseillers.

De même, si Louis n'emmène pas Marguerite en Orient, ce n'est pas que le temps où ils ne pouvaient se passer l'un de l'autre soit révolu. On peut penser qu'il veut lui éviter de nouveau les fatigues et les dangers connus et imprévus d'une expédition dont, à cette date, il ignore lui-même encore la destination : la Terre sainte, l'Égypte ou – plus inattendue – la Tunisie, dont il espérait pouvoir convertir l'émir et avec lui le peuple tunisien [1]. Rien ne dit que Marguerite n'est pas elle-même, à quarante-huit ans, désireuse de se ménager et que la décision de cette séparation n'a pas été prise d'un commun accord avec l'espoir qu'elle serait de courte durée.

L'instant des adieux à Vincennes en tout cas fut loin d'être froid. Ce furent les adieux de deux êtres profondément attachés l'un à l'autre. Après avoir passé, le 16 mars, une dernière nuit ensemble dans l'une des chambres des appartements royaux, ils se séparèrent au matin en laissant couler leurs larmes.

La mort de l'Aimé

Cinq mois plus tard, le 25 août, à trois heures de l'après-midi, la lumière qui a illuminé trente-cinq ans de la vie de Marguerite s'éteint sous une tente, devant Carthage : le roi est mort.

Il est mort loin d'elle, ce qui ne peut qu'aggraver son désespoir lorsque Marguerite l'apprend, bien tardivement, à la fin de septembre.

---

1. Les Dominicains avaient à Tunis un couvent qui leur servait d'école pour apprendre l'arabe aux commerçants pisans, génois, catalans, siciliens qui fréquentaient les ports tunisiens. L'émir al-Mustansir, fin lettré et aimant les disputes théologiques, leur avait fait bon accueil. Les religieux entretenaient l'illusion de l'amener à la foi chrétienne. Un leurre auquel Louis IX, qui ne séparait pas l'idée de mission de celle de croisade, s'était laissé prendre.

Que ne l'a-t-elle suivi pour le veiller les quatre jours de son agonie au bout de trois semaines de souffrances [1]. Elle n'a pas recueilli son dernier soupir, son dernier regard. Elle n'a pu participer à aucune des dispositions prises par Charles d'Anjou, dont la flotte tant attendue aborda à l'heure même où le roi expirait.

La chaleur imposait d'adopter, sans tarder, des mesures radicales concernant les corps. On s'est contenté d'embaumer d'aromates celui de Jean-Tristan, mais celui du roi est, en quelque sorte, dépecé. Les entrailles et les chairs, ointes de précieux parfums, sont placées dans un « écrin » (une outre de cuir, dit un texte), séparées des ossements et du cœur enveloppés dans de riches tissus et placés dans un autre coffret.

Charles a imposé à Philippe sa décision de faire transporter les restes du roi en Sicile pour les déposer dans l'abbaye bénédictine de Monreale, près de Palerme. Il espère par là faire profiter la Sicile du prestige de Louis IX dont on commence à parler comme d'un saint. Les choses ne se déroulent pas exactement comme Charles l'a décidé, car les réactions des militaires et des représentants des régents sont tels (et on imagine celle de Marguerite si elle avait été présente !) que seules les entrailles du roi demeureront en Sicile, son cœur et ses ossements devant être inhumés à Saint-Denis.

La concession faite au roi de Sicile au sujet des restes de son frère résultait de l'ascendant que Charles prit dès son arrivée sur une armée désemparée par la mort de son chef et l'incapacité du nouveau roi à tenir la situation en main.

Il fallait dégager l'armée de l'étreinte des forces musulmanes. Charles, par une tactique habile, contraint au combat l'ennemi qui jusqu'alors s'y refusait, se contentant d'escarmouches. Les

1. La légende veut que Saint Louis soit mort de la peste. On pense plutôt, en raison des symptômes décrits par son entourage, qu'il fut victime de l'épidémie de dysenterie qui s'abattit sur l'armée réduite à boire de l'eau polluée par la décomposition des cadavres, et qui eut raison de son organisme affaibli. Ses fils furent atteints du même mal. Philippe en raison de sa forte constitution y résista, mais Jean-Tristan succomba quelques jours avant son père.

Sarrasins tombent par milliers, les uns dans la bataille, les autres dans la fuite. La victoire est totale.

Va-t-on poursuivre l'expédition ? La croisade de Louis n'a jamais été celle de Charles d'Anjou – Marguerite lui reprochera amèrement d'avoir privé le roi de son soutien. Philippe III, sujet à de nouvelles crises de fièvre aiguës, se laisse aisément convaincre de tirer un trait sur une aventure si mal engagée. Dans sa majorité, l'armée, dont les rangs ont été décimés par la maladie, ne conteste pas cette décision.

De son côté, l'émir, se sentant menacé, se hâte d'engager les négociations. La trêve aboutit à un traité signé le 5 novembre. Charles d'Anjou en retire des profits considérables : il obtient, entre autres, le rétablissement des droits commerciaux de la Sicile avec Tunis et le paiement d'indemnités de guerre.

Tragique retour

Le mardi 16 novembre, le jeune roi Philippe s'est embarqué pour la Sicile où son oncle Charles l'a devancé avec les restes de Louis IX. Une terrible tempête surprend la flotte, engloutissant nombre de navires et causant des ravages parmi ceux déjà ancrés à Trani et à Palerme. On déplorera quatre mille morts. S'y ajouteront, causant une grande émotion, celle de Thibaud, roi de Navarre, qui, ayant sans doute contracté son mal à Carthage, avait dû à nouveau s'aliter, et celle de son épouse, Isabelle, la fille aînée de Marguerite.

Après un temps de repos bien nécessaire, Philippe reprend la route, convoyant les restes de son père et les cercueils de son frère, de sa sœur et de son beau-frère. Il aborde en Calabre en janvier 1271. Traverser l'Italie pour gagner la France paraissait plus sûr qu'affronter un voyage par mer. Une autre tragédie l'attend. En franchissant un fleuve, son épouse, Isabelle d'Aragon, enceinte de son quatrième enfant, tombe de cheval. Transportée à Cosenza, elle y meurt dans d'atroces souffrances. Deux autres cercueils s'ajoutent au cortège funèbre.

La longue marche s'achève à Paris le 21 mai 1271. Elle s'est accompagnée partout en France de manifestations populaires de désolation et de dévotion. Le peuple ne pleure pas seulement « le bon roi », il proclame sa sainteté et fait état de miracles dont il lui serait redevable.

« On ne sait rien sur l'attitude, la douleur ou la résignation de Marguerite qui reçoit ainsi les dépouilles mortelles de son époux, d'un fils, d'une fille, d'un petit-fils, d'une bru et d'un gendre [1]. » Elle ne participe pas à la veillée funèbre à Notre-Dame de Paris, où Philippe a fait immédiatement transporter les cercueils recouverts de draps précieux. Ils y passeront la nuit, veillés par un grand nombre de nobles seigneurs.

À l'aube du lendemain, le jeune roi et les grands officiers du royaume chargent sur leurs épaules le cercueil du défunt roi Louis. Ils entament, à pied, l'ultime marche vers l'abbaye de Saint-Denis, précédés de prélats revêtus de leurs habits épiscopaux et suivis d'une procession de prêtres et de moines en prière.

On dépose les restes de Louis IX, conformément à son vœu, aux côtés de ceux de Louis VIII et de Philippe Auguste, devant l'autel dit de la Trinité, dans l'allée centrale, avec à ses pieds, selon une coutume médiévale, le tombeau de Guillaume le Chambellan, son conseiller favori mort lors du tragique retour.

Dans cette abbatiale, érigée en nécropole royale pour les seuls souverains de France et leurs épouses, on a également inhumé le corps de la reine Isabelle, l'épouse de Philippe III, mais aussi celui de son fils prématuré, et celui de Jean-Tristan qui aurait dû, selon les instructions formelles de Louis, rejoindre à Royaumont les autres enfants royaux.

On ignore la réaction de Marguerite devant cette violation patente des dispositions concernant l'abbaye, prises par le roi en 1263, puis réitérées en 1267, ainsi que de ses dernières volontés. Se sent-elle déjà impuissante à intervenir dans quelque domaine que ce soit ?

1. G. Sivery, *Marguerite de Provence.*

QUATRIÈME PARTIE :

1271-1295

I

MARGUERITE, DISCRÈTE REINE DOUAIRIÈRE

La solitude

Où sont ceux qui pourraient aujourd'hui partager la douleur de Marguerite dont la vie de femme et de reine s'est écroulée, la laissant veuve, sans défense, exposée à l'inimitié des conseillers et à celle, pire encore, de Charles d'Anjou ? Sa mère n'est plus. En décembre 1267, on a enterré dans le petit cimetière des Échelles, aux confins de la Savoie, une femme devenue paisible, après tant de vicissitudes, de combats et d'illusions. Béatrix de Savoie s'était retirée au château des Échelles dont elle s'était par avance défait avec toute la seigneurie et les districts qui en dépendaient, les abandonnant au Commandeur des Hospitaliers de Saint-Jean de Jérusalem, à charge pour lui d'édifier là une Maison-Dieu et une église. De crainte de disparaîtrc avant d'avoir vu la réalisation de sa dernière œuvre charitable, une Maison d'Aumône pour nourrir tous ceux qui s'y présenteraient, son testament précisait la somme qu'elle entendait consacrer à sa construction et à son organisation. Instruite par sa triste expérience provençale, Béatrix s'était entourée de toutes les précautions juridiques afin d'éviter toute contestation et, pour plus de sécurité, l'acte portait les sceaux des reines de France et d'Angleterre. Ainsi ses filles ne pourraient prétendre ignorer sa volonté claire et ferme de « laisser à Jésus-Christ tous ses biens pour être distribués en son honneur ». Et depuis, Marguerite n'avait plus revu sa mère.

Vers qui chercher appui et consolation ? Marguerite de Provence erre entre des tombes. Disparue Isabelle, sa pieuse et tendre belle-sœur, comme Jeanne de Toulouse, qui jadis pliait avec elle sous la férule de Blanche de Castille. Un mal mortel a emporté, en Toscane, Jeanne et Alphonse de Poitiers qui retardait son retour, en proie au désir de revenir sur ses pas afin d'accomplir son vœu de défendre la Terre sainte aux côtés d'Édouard d'Angleterre enfin en route pour l'Orient. À Provins, dans la chapelle du couvent des Franciscaines, reposait le corps de son gendre, le roi de Navarre [1], inhumé là au retour de la tragique croisade. Et sa fille Isabelle, la reine de Navarre, venait d'être rejointe dans l'au-delà par sa cadette, Marguerite. Mariée depuis deux ans, la jeune duchesse de Brabant, morte en couches, n'avait que dix-sept ans.

À la fin de cette année 1271, de ses filles, Marguerite de Provence n'a plus près d'elle qu'Agnès, une enfant de dix ans. Blanche, mariée à Ferdinand de la Cerda, résidait en Castille.

Des fils de Marguerite de Provence, seul le dernier, Robert, comte de Clermont, est célibataire, et sa mère ne peut s'appuyer sur ses quinze ans. Elle ne peut guère compter sur Pierre, le comte d'Alençon, marié à Jeanne de Châtillon, héritière du comté de Blois et de Chartres – il n'a aucun poids. C'est à lui que Philippe III, à la disparition de son père, avait voulu confier la régence, mais Pierre de Brosse s'y était opposé : tout devait demeurer comme le défunt roi l'avait décidé. Mathieu de Vendôme, l'abbé de Saint-Denis, et Simon de Clermont, le conseiller le plus écouté de Louis, continueront donc à assurer

1. Isabelle de France a-t-elle été enterrée près de son époux ou l'a-t-on ramenée à Paris comme certaines biographies l'avancent ? Il n'y a aucune indication sur le lieu de son inhumation.

« la garde, la défense et l'administration du royaume », même après le retour du roi Philippe. Marguerite n'a rien à attendre d'eux pas plus que de son fils aîné.

L'effacement

L'ascendant qu'exerce Pierre de Brosse sur Philippe III ne pouvait qu'aller s'aggravant car, à travers le jeune roi incapable de gouverner, le chambellan se glisse dans les arcanes du pouvoir. Philippe, qui ne jure depuis son adolescence que par son conseiller, le comble de bienfaits. Il l'a fait châtelain de Langeais, puis de Châtillon-sur-Indre, et seigneur de Damville. Afin d'entrer dans ses bonnes grâces, le comte de Flandre, le comte d'Artois, et même Charles d'Anjou, le gratifient de terres et de rentes. En peu d'années, Pierre de Brosse deviendra un des hommes les plus riches du royaume, une richesse qu'il fait fructifier en achetant d'autres seigneuries, des rentes foncières en Touraine, en Béarn et en Saintonge et en se livrant à d'autres investissements.

L'avidité du personnage n'a d'égale que son ambition favorisée par le roi qui l'idolâtre. Titré Grand Chambellan, il assiste à tous les conseils. Sa présence, les maîtres du gouvernement la tolèrent. Ils redoutent la violence et les colères du jeune roi que seul Pierre de Brosse est à même de contrôler, et ils ont compris la nécessité de composer avec ce dernier. De son côté, le grand chambellan est trop habile, trop politique pour les heurter de front et prétendre empiéter sur leurs prérogatives, et trop intelligent pour ne pas reconnaître leurs compétences. Mais, les yeux fixés sur son mentor, Philippe ne décide rien sans lui, fût-ce au détriment des conseillers chevronnés. Brosse fera bientôt figure de Premier ministre – une innovation dans l'administration du royaume – avant d'être dénoncé par l'opposition comme un détestable « vice-roi ».

Entre la reine douairière et son fils, le grand chambellan est omniprésent. Marguerite l'accepte, du moins en apparence.

Elle a garde de s'imposer à la cour de Philippe, quoique celui-ci lui témoignât affection et respect. Elle vit au loin, parcourant ses différentes résidences avec une préférence marquée pour Poissy. Elle ne se mêle de rien.

Pourquoi une telle discrétion ? Marguerite doit beaucoup à Pierre de Brosse. À la reconnaissance qui lui a permis jadis d'accepter qu'il prenne en charge l'adolescent difficile, s'ajoute aujourd'hui celle qu'elle lui voue pour l'avoir protégée des menées des régents. Grâce à lui, elle a récupéré les châtellenies dont Mathieu de Vendôme et le sire de Nesle avaient amputé son douaire, dès la mort de Louis, jugeant que ces terres empiétaient sur le domaine royal. Une décision abusive, car Marguerite ne jouissait de son douaire qu'en usufruit et il reviendrait en totalité au royaume après sa mort. À son retour, Philippe était intervenu, sous la pression de son chambellan. Pierre de Brosse agissait-il ici par fidélité au défunt roi ou, en homme prudent, pressentait-il qu'il lui faudrait un jour compter sinon sur l'appui de la reine douairière, du moins sur sa neutralité ?

Résignée à son effacement, Marguerite se consacre donc à l'entretien de ses domaines, veillant de près à ses intérêts qui sont, à ses yeux, ceux des Capétiens. Ce n'était pas une petite affaire que d'administrer ce douaire. Maintenir son intégralité l'entraînait à de rudes batailles chicaneuses. On découvrit en la veuve de Louis IX une redoutable procédurière.

La reine douairière jouit de tels revenus qu'elle est non seulement à l'abri du besoin comme son époux bien-aimé l'a désiré, mais fort riche de surcroît. Le fait de ne dépendre en rien du Trésor royal lui assure une grande indépendance, non seulement pour mener le magnifique train de vie qu'elle souhaite, mais pour dispenser ses libéralités à son gré. Marguerite, dans sa solitude, demeure ce qu'elle a toujours été, généreuse et compatissante à toutes les détresses. En cela elle perpétue l'esprit de Louis mais, comme toujours, ce qui affecte sa chère Éléonore l'atteint particulièrement.

Comme si le sort se devait d'éliminer toute une génération

en même temps, après la disparition de Richard de Cornouailles au printemps 1272, ce fut, en automne, celle du roi Henri III.

Marguerite et Éléonore s'unissent contre Charles d'Anjou

Par un étrange destin, les deux filles survivantes de Raimond Bérenger qui furent reines en même temps se trouvent, à deux ans d'intervalle, veuves au même âge, quarante-neuf ans. Plus que jamais proches, elles vont s'épauler dans une nouvelle lutte commune contre Charles d'Anjou.

Avant sa mort, Béatrice a désigné son fils aîné Charles comme héritier des comtés de Provence et de Forcalquier dont elle donnait l'usufruit à son époux. Celui-ci, faisant fi de cette disposition et se considérant comme le maître, exigea des Provençaux de rendre hommage non à son fils, Charles, le prince de Salerne, mais à lui-même.

Cet abus de pouvoir révulsa Marguerite, mais Louis freina sa colère. Désormais, elle s'y laisse aller. Elle réclame la Provence. Elle fait valoir que le non-versement de l'intégralité de sa dot et le refus de Charles d'Anjou de s'en acquitter (sur les huit mille livres promises par Raimond Bérenger, seules deux mille ont été versées) rendent caduque sa renonciation au comté. Cependant elle doit rapidement renoncer à une revendication que Pierre de Brosse estime, pour l'instant, malvenue.

Marguerite s'incline, mais elle ronge son frein, car son espoir demeure de devenir un jour comtesse de Provence et de Forcalquier, d'autant qu'Éléonore est prête à renoncer à tous ses droits en sa faveur, afin d'augmenter « sa force de frappe » et, sachant bien ne pas y perdre : les deux sœurs ne font qu'une devant Charles d'Anjou.

II

MARIE DE BRABANT, REINE DE FRANCE

Le remariage de Philippe III

Effacée par raison, Marguerite va l'être encore davantage, par prudence, à l'arrivée en 1274 d'une nouvelle reine de France.

Après des années de veuvage, Philippe s'est décidé à une nouvelle union. Le portrait qu'on lui faisait de la sœur du duc de Brabant, princesse « sage et pleine de bonnes mœurs », a séduit l'homme vertueux et dévot qu'il était. Ainsi se renoue, à la grande satisfaction des conseillers, le lien de la France et du Brabant qu'a desserré la mort de Marguerite, la fille de Louis IX.

Les noces sont célébrées à Vincennes, le 21 août 1274 et, l'année suivante, on couronne Marie de Brabant dans la Sainte-Chapelle. L'éclat des fêtes données à cette occasion fut rehaussé par celui des diamants et des ruisseaux de pierres précieuses que les dames, rivalisant d'élégance, arborèrent ce jour-là.

La jeune reine n'est pas que « sage et de bonnes mœurs ». Brillante et cultivée, Marie de Brabant va redonner vie à une nouvelle « cour d'amour ». Les poètes, sans leur tourner le dos, y remodèleront les genres littéraires en usage à la cour de la reine douairière.

Marguerite a contribué à adoucir les rudes mœurs capétiennes en y important les idéaux occitans. C'est à présent chose acquise ; on pouvait abandonner l'amour courtois chanté par les trouvères qui se feront plus rares à la cour. Avec Rutebeuf, chantre des sentiments personnels, de la vie bourgeoise et populaire, Marguerite elle-même a depuis longtemps compris qu'une évolution se dessinait. Elle a protégé Rutebeuf qui l'en a bien mal récompensée. Mais elle est loin d'accepter le brutal retour au naturalisme prêché par Jean de Meung [1], même si son harmonieuse vie conjugale, en faisant largement sa part au sexuel, semblait le cautionner.

Envers Marie de Brabant qui s'impose aussitôt à la cour de France parce qu'elle fascine son époux, au grand déplaisir de Pierre de Brosse, Marguerite demeure prudemment neutre. Ses sentiments cependant se laissent deviner à la façon dont elle entoure les trois orphelins d'Isabelle d'Aragon : Louis, Philippe (le futur Philippe le Bel) et Charles. L'aîné a sept ans lors du remariage de leur père ; lui et ses frères acceptent mal leur belle-mère. Marie, de son côté, ne leur montre qu'indifférence. Sa froideur n'échappe à personne ; on lui prêtera même les pires sentiments et, en mai 1276, à la mort subite de Louis de France, à l'âge de neuf ans, la rumeur fait d'elle sa meurtrière. La reine se serait débarrassée de l'héritier présumé du royaume pour y imposer l'enfant qu'elle attend.

---

1. L'audacieux continuateur du *Roman de la Rose*, « où l'art d'Amour est tout enclos », dénaturait avec violence le message idéaliste de son premier auteur, Guillaume de Lorris, exaltant la femme parfaite, inaccessible et les mœurs courtoises. Meung au nom de la Nature et de la Raison mettait en question tous les fondements moraux et sociaux. Il rencontra une grande audience populaire et constituera le ferment de ce qui déchirera le XIIIe siècle.

Un roman noir à la cour de France

La sinistre rumeur, dont on ignorait la source, se répand d'abord dans les milieux populaires parisiens si bien que les femmes que la reine a amenées de son Brabant natal n'osent sortir du Louvre de crainte d'être poursuivies et lapidées. L'entourage du roi, cependant, ne fait rien pour mettre un terme à l'agitation et traiter l'accusation comme un inepte ragot, car pour parvenir à ses fins, la nouvelle reine aurait à supprimer aussi ses deux autres beaux-fils ! Mais, soit que, dans le désarroi, on ne pense pas à cet argument qui innocente Marie, soit que certains aient intérêt à la faire passer pour un monstre, la rumeur continue son chemin.

Qui l'a répandue ? Qui l'entretient ? Les doigts se pointent vers le grand chambellan. On le sait jaloux de l'affection de plus en plus grande que Philippe porte à sa jeune épouse et qu'il s'en inquiète à plusieurs chefs.

Dès son arrivée, Marie de Brabant a pris la tête du clan qui considère Pierre de Brosse comme un parvenu encombrant et vitupère son influence sur le roi. Autour de la jeune reine se réunissent de grands seigneurs furieux d'être écartés du pouvoir. On y voit son frère, le duc de Brabant, un « étranger » certes, mais qui se considère à la cour comme chez lui, le duc de Bourgogne et Robert d'Artois [1], le cousin de Philippe. Tous enragent que le gouvernement refuse de les suivre dans leurs projets guerriers et freine les dépenses où ils désiraient entraîner le Trésor. La lutte pour le pouvoir s'engage.

De son côté, Pierre de Brosse reproche à la reine orgueilleuse l'humiliation qu'elle inflige à sa femme, jugée d'une trop petite noblesse pour être admise à la cour. Mais de là à forger une accusation de meurtre, il y avait un pas que le grand chambellan était trop avisé pour franchir.

---

1. Robert II, comte d'Artois, fils de Robert d'Artois, frère de Louis IX, mort à Mansourah. (À ne pas confondre avec Robert, comte de Clermont, frère de Philippe III.)

En revanche, s'il n'a pas lancé la rumeur, Pierre de Brosse peut en tirer grand profit. Il n'empêche pas le doute de s'emparer de l'esprit du roi. Peut-être suffisait-il de son silence pour le nourrir.

Philippe, en proie au plus grand désarroi, s'est jeté dans de furieuses et interminables parties de chasse à travers le royaume pour différer sa décision. Il voit bien que son favori ne soutient pas la reine, mais par ailleurs, comment condamner une épouse à qui il s'est tendrement attaché ?

Un autre ragot se greffe sur le premier : sur la foi de deux béguines de Liège, le chanoine de Laon aurait prédit la mort du jeune Louis si son père ne s'amendait pas de ses vices cachés. Allusion aux relations homosexuelles que le roi aurait entretenues avec son conseiller et qui expliqueraient, pour certains, l'inexplicable ascendant que Pierre de Brosse exerçait depuis toujours sur son « disciple ».

Philippe, hors de lui, ordonne une enquête. Les béguines prudemment se rétractent et le chanoine prétend qu'il a seulement dit qu'il ne resterait rien au roi si ce dernier ne changeait de vie. Il ne précisait pas ce qu'on devait entendre par « changer de vie » ; on pouvait comprendre simplement une invitation à se débarrasser d'un conseiller trop arrogant et avide.

Marguerite, on le sait, a eu connaissance de cette lettre, ce qui prouve qu'elle suit de près et avec émotion toute l'affaire. Elle approuve sûrement le conseil du chanoine, mais rien ne permet de dire qu'elle fait chorus avec la reine et les membres de son clan, d'autant plus que Robert d'Artois est très lié avec son oncle, Charles d'Anjou ! En revanche, Mathieu de Vendôme soutient ouvertement Pierre de Brosse. Administrateur du royaume, l'abbé de Saint-Denis se méfie des amis de la reine qui ne cessent de critiquer le gouvernement.

Philippe est perturbé, déchiré : et si Marie était vraiment coupable ? Il ne parvient pas à la laver de tout soupçon, d'autant que le légat du pape n'a pas hésité à lui déclarer que l'accusation d'homosexualité dont on l'accablait provenait de la reine et de ses amis !

Une béguine de Nivelles réputée « sainte femme et de bonne vie » possédait, disait-on au roi, un extraordinaire don de voyance pour « les choses passées et à venir ». Philippe envoie la consulter Mathieu de Vendôme et Pierre de Benais, l'évêque de Bayeux [1]. Ils se mettent en route au début de janvier 1277.

À leur arrivée dans cette bourgade du Brabant français, Pierre de Benais, sous prétexte de réciter son office, s'éloigne de son compagnon et se rend seul au béguinage. Il interroge la voyante sur les circonstances de la mort de l'héritier et, l'ayant entendue, lui ordonne de ne rien en dire à Mathieu de Vendôme. Lorsque peu après ce dernier à son tour la consulte, la béguine se contente de répondre qu'elle n'ajoutera rien de plus à ce qu'elle a révélé à l'évêque. Furieux à juste titre, Mathieu de Vendôme déduit du silence imposé à la béguine qu'elle a affirmé à ce dernier l'innocence de la reine. Il est donc dangereux de se faire une ennemie de Marie de Brabant. Dès cet instant, Pierre de Brosse perd son meilleur appui.

À leur retour, interrogé en premier, Mathieu de Vendôme n'a rien pu apprendre au roi sinon que l'évêque détient jalousement la clef de l'affaire. Philippe fait alors venir Pierre de Benais. Le cousin de son chambellan se réfugie derrière le secret de la confession. La colère du roi éclate :

— Par ma tête, je ne vous ai pas envoyé pour la confesser, et par Dieu qui me fit, je saurai la vérité et je ne renoncerai pas !

La vérité cependant, Philippe la choisit telle qu'il la souhaite : sa reine bien-aimée est ignominieusement calomniée. Entre l'épouse et le favori, il ne balance plus. La disgrâce de Pierre de Brosse est annoncée. Toutefois le roi ne l'éloigne pas. Il faudra pour précipiter sa chute de graves événements qui toucheront directement Marguerite.

---

1. Rappelons que Benais est apparenté à Pierre de Brosse et qu'il lui doit son évêché.

III

NAVARRE, ARAGON ET CASTILLE

La Navarre devient capétienne

La disparition d'Isabelle, la fille aînée de Marguerite, et celle de son époux, Thibaud de Champagne, roi de Navarre, ont donné le trône, faute d'héritier, au cadet de ce dernier, Henri de Champagne, marié à une nièce de Marguerite, Blanche d'Artois.

Quatre ans plus tard, en 1274, Blanche d'Artois demeure veuve avec une enfant « si petite qu'elle gisait au berceil (berceau) », l'unique héritière du trône. Une guerre de succession se déchaîne, mettant aux prises plusieurs seigneurs navarrais et le roi Alphonse X de Castille qui se disputent tous la couronne, négligeant que la petite Jeanne est déjà promise au fils du roi d'Aragon qui entend bien faire valoir son droit. La situation devient telle que Blanche d'Artois, qui assure la régence, fait, dans son désarroi, appel à son cousin le roi de France.

Les conseillers du roi ont compris qu'il fallait à tout prix empêcher l'annexion de la Navarre par l'un ou l'autre de ses dangereux voisins. Philippe accueille à bras ouverts la sœur de son très cher cousin Robert dont il partage les goûts bellicistes : « L'enfant doucement et volontiers reçut et la fit nourrir à sa cour avec ses enfants, tant qu'elle fut en âge qu'il put la donner à un haut homme en mariage », écrit le chroniqueur Primat.

Et ce fiancé est déjà tout trouvé : le jeune prince Philippe (le futur Philippe le Bel). Par cette union inespérée, la Navarre et les comtés de Champagne et de Brie, convoités depuis des siècles par les Capétiens, tomberaient d'un coup dans l'escarcelle du royaume de France !

Blanche d'Artois ne peut résister aux pressions que l'on exerce habilement sur elle. En mai 1275, elle signe le traité d'Orléans. Il est entendu qu'une partie du comté de Champagne sera gérée par Edmond de Lancastre [1], qu'elle vient d'épouser, à l'instigation de Marguerite qui, malgré son effacement, ne perd pas de vue sa famille anglaise. La royauté française administrera la Navarre et la châtellenie champenoise de Provins.

Philippe III expédie en Navarre Robert d'Artois et vingt mille hommes qui écrasent la révolte suscitée par la gestion maladroite et brutale du sénéchal de Toulouse, précédemment envoyé. En 1276, la France règne définitivement en Navarre, avant même que le prince Philippe ne prenne le titre de roi de Navarre en épousant Jeanne, en 1284.

Un grand et beau coup que la royauté française avait réalisé là. Elle allait être moins heureuse en Castille.

Les malheurs de la fille de Marguerite

Au cours de l'été 1275, Ferdinand de la Cerda, l'époux de Blanche de France, a trouvé la mort au cours d'une expédition contre les musulmans encore maîtres d'une partie de la péninsule Ibérique.

1. Le fils cadet d'Éléonore.

Lors du mariage de la fille de Marguerite, en 1266, avec le fils d'Alphonse X de Castille, il a été entendu qu'en échange de la renonciation de la France à ses prétentions sur le royaume de Castille, le trône reviendrait aux enfants de Ferdinand de la Cerda et de Blanche. C'était aller à l'encontre de la tradition successorale castillane et léonaise qui voulait que le trône échût au second des fils du roi, et non à l'aîné.

Le retour à la tradition était cependant soutenu par un fort parti et, à la mort de son frère Ferdinand, Don Sanche, le cadet du roi de Castille, a réclamé le titre d'héritier. Alphonse X, malgré les protestations de deux ambassades françaises, a entériné la revendication de Sanche, excluant ainsi le fils aîné de Blanche. Peut-être le roi craignait-il de renforcer le camp de son opposition, d'autant que Don Sanche, surnommé le Brave, s'était illustré par ses victoires sur les rois de Grenade et du Maroc. Blanche de France fut autorisée à quitter la Castille, mais sans ses enfants. C'était la rupture de la Castille et de la France.

Marguerite près de qui la malheureuse s'est réfugiée, sans espoir de récupérer sa dot ni d'obtenir un douaire, est follement inquiète du sort réservé à ses petits-fils. Philippe III brûle de venger sa sœur humiliée. C'est pour lui l'occasion de justifier l'épithète accolée à son nom, Philippe le Hardi, et assouvir sa passion guerrière frustrée par l'interruption de la dernière croisade.

Au cours de l'été 1276, s'étant hâté de réunir une importante armée, il se lance tête baissée dans l'aventure castillane, certain de la victoire car il croit opérer aisément sa jonction avec les forces de Robert d'Artois stationnées en Navarre.

Le petit-neveu de Blanche de Castille, Alphonse X le Sage, est un grand roi, un savant renommé en nombre de matières, mais faible de caractère. Ses indécisions, ses brusques revirements sont source d'incohérences dans sa politique intérieure et extérieure. Pris de peur à l'annonce que le roi de France s'est mis en route pour l'Espagne, il envoie cinq messagers à sa rencontre. Philippe ne veut ni parler ni entendre, mais en découdre et vaincre.

En octobre, les troupes sont à Sauveterre-de-Béarn. Elles n'iront pas plus loin. L'armée est forte mais on a négligé l'intendance. Elle manque de tout, de vivres pour les hommes, de fourrage pour la cavalerie, de munitions et même de machines. L'hiver approche. Comment, dans ces conditions consternantes, imaginer pouvoir passer les Pyrénées déjà enneigées ? Pierre de Brosse a dû le faire comprendre au roi qui, en novembre, se résout à licencier l'armée : « On reviendrait au printemps, lui affirme-t-on, et cette fois mieux préparé. »

Philippe s'est laissé convaincre, car le roi de Castille a signé deux compromis. L'un concerne la Navarre : Alphonse X y assure une trêve jusqu'à la majorité de Jeanne ; dans l'autre, il promet l'annulation des hommages et des serments prêtés à Don Sanche ainsi que la convocation des Cortes, dans un délai d'un an, pour trancher la question de l'héritage de la Castille. On pouvait prévoir ce qu'il advint : les Cortes, désireux de rétablir l'ancien droit, confirment en 1278 la position de Don Sanche en le désignant comme héritier du royaume.

L'épouse d'Alphonse X, Yolande d'Aragon, non moins inquiète que Marguerite de Provence, et peut-être même davantage car elle connaît la cruauté de son fils Sanche, s'enfuit alors avec les enfants, pour chercher protection auprès de son frère Pierre III, le nouveau roi d'Aragon [1]. Vu de la France, c'était tomber de Charybde en Scylla, car l'Aragon tenait les deux fils de Blanche en otages et refusait de les rendre à Philippe III comme celui-ci l'en priait.

---

1. Successeur de Jacques Ier, élu en 1276.

IV

MADAME DE FRANCE

Chute et mort du « vice-roi »

La retraite de Sauveterre a rempli de fureur les responsables militaires, car le ridicule de cette expédition avortée retombe sur eux et en particulier sur Robert d'Artois en tant que principal chef de l'armée royale. On se gausse dans toutes les cours d'Europe. Une fois encore, Philippe tente d'oublier son humiliation et sa déception dans des chevauchées et des chasses effrénées, loin de Paris.

Les ennemis de Pierre de Brosse sont résolus à en finir avec celui qu'ils estiment être le pire des conseillers.

Pendant qu'on piétinait en mourant de faim devant Sauveterre, Robert d'Artois, avec l'accord de Philippe, s'était rendu en novembre 1276 à une entrevue proposée par Alphonse de Castille. Le roi le reçut très bien et lui exprima sa volonté de faire la paix avec lui et le roi de France. On entama les négociations qui devaient aboutir aux deux compromis. Entre deux « réunions de travail », Alphonse et Robert s'entretenaient amicalement de choses et d'autres et se divertissaient ensemble – n'étaient-ils pas cousins [1] !

L'arrivée d'un messager venant d'outre-Pyrénées permit au roi de Castille de glisser en confidence au comte d'Artois qu'il possédait des intelligences à la cour de France. Et il laissa entendre qu'il ne s'agissait pas de vulgaires « agents secrets », mais « d'un personnage haut placé qui connaît les intentions les plus secrètes du roi ».

Pour le comte d'Artois, « le personnage très haut placé » ne peut être que le grand chambellan ! Peut-être n'en est-il pas vraiment convaincu, mais l'idée est bonne de faire de Pierre de Brosse un traître. La machine infernale qui aura raison de lui est forgée.

Tout d'abord, l'évêque de Bayeux fait l'objet d'une nouvelle enquête. On l'accuse d'être le principal instigateur des attaques contre la reine. De guerre lasse, la béguine de Nivelles « cuisinée » par l'évêque de Dôle et un Templier le confirme. Elle aurait dit n'importe quoi pour mettre fin à ces interrogatoires. Le climat devient très lourd ; le roi se met sérieusement à douter de ses serviteurs qu'il croyait « bons et fidèles ». Mais la tempête, c'est un moine qui la déchaîne les derniers jours de décembre 1277, dans la chambre du roi.

Le religieux est porteur d'un mystérieux coffret qu'un non moins mystérieux messager a déposé à l'abbaye en faisant jurer aux moines de ne le remettre qu'au roi en personne. Philippe s'est enfermé dans sa chambre pour l'ouvrir devant un seul témoin. Son contenu, des lettres scellées du sceau du grand chambellan et dont la teneur sera tenue secrète, justifie apparemment que le roi abandonne à son sort celui qu'il aimait depuis son adolescence et dont il a fait la fortune.

Emprisonné dans les premiers jours de janvier 1278, transféré ensuite sous bonne garde en Beauce, puis ramené à Paris pour un simulacre de procès de quelques minutes, immédiatement

1. Rappel : Blanche de Castille, grand-mère de Robert d'Artois, était la grand-tante d'Alphonse.

suivi de l'exécution de la sentence, Pierre de Brosse est pendu haut et court au gibet de Montfaucon.

Les barons comploteurs n'ont pas laissé au malheureux la moindre chance d'une intervention royale de dernière minute. « Ils ne quittèrent pas Montfaucon avant d'être certains que leur ennemi avait rendu l'âme, par peur d'une mise en scène d'exécution permettant un sauvetage *in extremis* ordonné par le roi ou payé par les amis de l'homme qui leur avait coupé la voie du pouvoir [1]. »

À aucun moment, Marguerite n'a pris ouvertement la défense du grand chambellan, elle ne l'a pas chargé non plus. Manque de conviction, prudence, ou répugnance à faire chorus avec le clan de Robert d'Artois ? Ce qu'il y a de certain, c'est que cette disparition ouvre pour Marguerite de Provence une ère nouvelle : elle va revenir en force à la lumière.

Les nouveaux tuteurs du roi de France

La disparition de Pierre de Brosse n'aurait su assurer l'autonomie de Philippe comme son père l'avait enfin atteinte avec l'appui de Marguerite et en écartant Blanche de Castille de sa route. On savait depuis toujours que sa faiblesse de caractère et ce qu'on peut estimer comme une déficience mentale rendaient l'héritier de Louis IX incapable d'exercer un pouvoir personnel. Philippe d'ailleurs ne l'ambitionnait pas, uniquement passionné par la chasse aux loups et aux sangliers, les jeux guerriers auxquels il se livrait avec fureur, contraignant ses compagnons à lutter malgré les blessures qui pouvaient entraîner leur mort ou leur handicap à vie. Lors d'une de ces joutes, son frère Robert, comte de Clermont, quoique commotionné, poursuivit le combat à son injonction et, sur un nouveau coup, perdit la raison.

1. G. Sivery, *Philippe III le Hardi.*

En matière politique, seuls les projets militaires préoccupaient Philippe toujours contrarié par ceux qui veillaient aux finances de l'État. Mais quoique incompétent, il est Philippe III, roi de France, auréolé par un sacre qui lui a conféré un statut quasiment divin. Toute attaque, tout jugement insultant serait blasphématoire. Le fils de Louis IX bénéficie en outre de la vénération dont le peuple entoure la mémoire de son père déjà appelé par lui « le saint Seigneur », avant même que les instances romaines l'aient déclaré tel. Outre l'amour de son peuple, Philippe est porté par l'admiration que lui vouent sans restriction ses compagnons d'armes qui constituent une véritable milice chevaleresque, sa garde personnelle.

Cela dit, le roi de France, pas plus que dans le passé, ne saurait se passer de tuteur. Qui désormais en assumera le rôle ?

Assurément pas Mathieu de Vendôme si indispensable qu'il soit au gouvernement, dont il assume la charge avec compétence, expérience et toute l'autorité que lui a conférée Louis IX en le nommant régent. L'abbé de Saint-Denis n'a pas sur le roi l'ascendant d'un Pierre de Brosse et réussirait-il à le prendre, il se heurterait à la même forte opposition qui a eu raison du grand chambellan. La seule possibilité pour l'abbé de Saint-Denis de poursuivre sa tâche, qui ne lui est pas imposée par sa seule soif du pouvoir mais aussi par son total dévouement aux Capétiens et au roi défunt, est d'en partager le poids.

S'appuiera-t-il sur la reine adorée du roi ? Contrairement à ce qu'on aurait pu penser, le clan brabançon n'a pas réclamé sa part au pouvoir alors qu'il appartient de droit à son premier cercle. L'élimination de Pierre de Brosse et de son entourage a rétabli l'honneur de la reine et sa position à la cour, mobile de l'acharnement contre le chambellan, Marie de Brabant et son frère, le duc, peuvent alors retourner à leurs véritables préoccupations mondaines, littéraires et artistiques. Dans la mesure où Mathieu de Vendôme satisfera leur incessant besoin d'argent pour mener une vie luxueuse au sein d'un cercle d'amis brillants, ils le laisseront gouverner à sa guise. Le conseiller a fort bien compris que c'était le prix à payer ; aussi ne lésinera-t-il pas avec eux.

Quant à Robert d'Artois, le cousin chéri de Philippe, il se contente, pour l'heure, de sa position incontestée de chef militaire.

La voie est donc libre pour une nouvelle entrée en scène de Marguerite de Provence. Dans son désarroi, le roi se tourne vers elle : « Je t'enseigne que tu aimes et honores ta mère et que tu retiennes volontiers et observes ses bons enseignements et sois enclin à croire ses bons conseils », lui prescrivait son père dans les *Enseignements* rédigés pour lui. Louis IX assurément ne pouvait prévoir la disparition de Pierre de Brosse, mais peut-être, à la veille de son départ en 1270, a-t-il pressenti la nécessité d'équilibrer l'influence du conseiller sur son fils et regretté d'avoir écarté Marguerite de tout pouvoir.

Marguerite de Provence en se rapprochant de son fils aurait pu se heurter à l'inimitié de Mathieu de Vendôme devenu, par la disparition du grand chambellan, maître du gouvernement. Entouré d'un petit groupe d'hommes dont il est le chef incontesté, « il régnait en France et tout se faisait à sa volonté ; il élevait et abaissait les hommes à sa volonté », écrira un chroniqueur. En fait, Mathieu de Vendôme trouve en Marguerite, bientôt appelée « la Dame de France », une caution à la politique qu'il poursuit, fidèle aux lignes tracées par Louis IX. Quand il le jugera utile, il abandonnera la diplomatie à Marguerite comme à la dépositaire de la volonté politique de Louis IX, imitant ainsi le roi qui avait si souvent mis en avant son épouse dans les négociations où il ne désirait pas paraître.

Madame de France et l'Angleterre

Si on ne peut affirmer que Marguerite de Provence dirige réellement la politique extérieure de la France durant cette dernière période du règne de Philippe III, il est certain qu'elle l'influence au gré de ses affections et de ses haines.

Durant ses « années de patience », Marguerite n'a pas été dénuée de toute influence. Rappelons le remariage de Blanche d'Artois, la veuve du roi de Navarre, avec son neveu Edmond, comte de Lancastre, et ce malgré l'opposition de Robert d'Artois. Durant cette période, la correspondance qu'elle entretient depuis toujours avec Éléonore se double de ses lettres à son neveu Édouard, devenu roi d'Angleterre en 1272. Celui-ci répond à l'affection de Marguerite en souscrivant à toutes ses requêtes concernant ses protégés. Le jeune roi ira jusqu'à admettre dans son entourage les fils de Simon de Montfort [1], pour lesquels, dans sa grande bonté et compassion, elle avait en vain sollicité le pardon d'Henri III.

Mais, à présent, Madame de France, on l'appelle ainsi dans les cours étrangères, paraît bel et bien orienter la politique du royaume. Malgré le secret bien capétien qui entourait ce genre de décisions et de négociations, on lui impute la rencontre à Amiens des rois de France et d'Angleterre, en mai 1279. Philippe et Édouard y confirment le traité de Paris conclu par leurs pères en 1258-1259.

Marguerite peut être heureuse : Philippe III respecte les décisions de Louis ; il va même plus loin en ratifiant ce qui avait donné lieu à contestation. Il cède à Édouard Ier l'Agenais, la dot de son aïeule, Jeanne d'Angleterre, à son mariage avec Raymond VII de Toulouse ; il lui restitue le sud de la Saintonge et s'engage à mener une enquête relative au Quercy [2]. Philippe III renonce même à la vassalité directe d'arrière-vassaux aquitains, un sujet permanent de conflit. En outre, il autorise l'épouse d'Édouard, une princesse de Castille, à se saisir de l'héritage de sa mère, comtesse de Ponthieu et de Montreuil-sur-Mer. Ainsi, « déjà maître de nos côtes, de Bordeaux à

1. Rappelons que l'un d'eux avait fait assassiner le fils aîné de Richard de Cornouailles.

2. Elle se terminera en 1286 par la cession de ce territoire à la France.

Bayonne, Édouard s'assurait, sans coup férir et sans débourser un denier, d'une zone de débarquement proche de l'Angleterre [1] ».

Le « bon amour » entre les deux royaumes, préconisé par saint Louis, Marguerite a souci de le protéger, de le raffermir et de l'utiliser à réaliser ses propres desseins. Mais son projet, partagé avec Éléonore, d'unir leurs petits-enfants, le fils d'Édouard à l'une des filles de Philippe, ce projet sera déçu en même temps que sonnera le glas de l'espérance de récupérer la Provence avec l'aide du roi d'Angleterre.

1. Georges Bordonove, *Philippe le Bel.*

V

MARGUERITE, COMTESSE DE PROVENCE ?

L'empereur promet la Provence à Marguerite et la donne à Charles d'Anjou

Que de péripéties dans la vaine lutte de Madame de France pour chasser « l'usurpateur » de sa chère Provence et en devenir la comtesse ! Chaque fois qu'elle croit toucher au but, son espoir s'effondre. Marguerite fait les frais d'un jeu où les alliances se forgent et se brisent, parfois du jour au lendemain, au gré des intérêts politiques de chacun.

En 1273, au lendemain de l'élection à l'empire de Rodolphe de Habsbourg [1], Marguerite exulte. Que le nouvel empereur veuille faire ainsi payer à Charles d'Anjou d'avoir tenté d'orienter le choix des Électeurs vers Philippe III ou qu'il soit convaincu du bon droit de Marguerite, il se déclare prêt à lui concéder l'investiture du comté de Provence. Marguerite en informe son neveu, le jeune roi Édouard Ier d'Angleterre.

1. Cette élection appuyée par le pape Grégoire X avait mis fin au Grand Interrègne plein de troubles consécutifs à la disparition de Frédéric de Hohenstaufen en 1250.

Mais elle est rapidement contrainte au silence. La cour de France lui a fait clairement entendre qu'il était hors de propos de revendiquer le comté, et que sa politique anti-angevine contrariait le gouvernement.

Fidèle à la ligne de conduite qu'elle s'est tracée, Marguerite s'efface. Mais elle soutient Éléonore qui s'efforce de persuader son fils d'agir auprès de l'empereur pour l'obtention de ses propres droits, ce qui constituerait une brèche où, les intérêts des deux sœurs étant liés, Marguerite pourrait s'engouffrer

Cependant Édouard Ier est inquiet. Lors de l'élection à l'empire, il a vigoureusement appuyé Alphonse de Castille [1], le compétiteur de Rodolphe de Habsbourg. Qu'à cela ne tienne ! Marguerite profite de ses bons rapports avec l'empereur pour rapprocher les ennemis d'hier.

Les pourparlers entre l'empereur et le roi d'Angleterre s'engagent vers 1276 : Édouard offre sa fille Jeanne en mariage à Hartmann, le fils de l'empereur. En 1278, l'union est décidée. Rodolphe s'est engagé à ne rien négliger pour procurer à son fils la couronne impériale, et à défaut celle de roi d'Arles et de Vienne, ce qui réduirait Charles d'Anjou à n'être de toute manière qu'un vassal.

Cela satisfait l'Angleterre qui a toujours rêvé d'exercer une influence dans le sud-est de la France, comme Marguerite qui voit son ennemi humilié. Son immense affection pour sa sœur la fait maintenant se réjouir, sans arrière-pensées, qu'Éléonore devienne comtesse de Provence à travers sa fille. Telle est Marguerite, entière dans ses haines comme dans ses affections.

On comprend qu'un axe germano-anglais dans l'aire rhodanienne puisse effrayer Charles d'Anjou, à une heure où la Provence prend pour lui d'autant plus d'importance qu'il lutte en vain pour maintenir la domination angevine en Italie septentrionale, une hégémonie que le Grand Interrègne impérial

1. En tant que fils de Béatrice de Souabe, la prétention d'Alphonse X au trône impérial est justifiée.

et son étroite alliance avec la papauté ont favorisée, avant d'inquiéter cette dernière.

L'élection de Rodolphe de Habsbourg, encouragée par Grégoire X dans un souci d'équilibrer les forces, a redonné du cœur aux gibelins. Charles s'est depuis longtemps aliéné Gênes ; les ligues anti-angevines ont enflammé le Piémont et la Lombardie. En novembre 1275, leurs milices ont complètement défait les troupes angevines qui, pressées de partout, se sont retirées vers les Alpes pour garder un contact avec la Provence où le sénéchal de Charles a été contraint de s'enfuir.

À la menace de voir maintenant son pouvoir sapé en Provence, Charles réagit aussitôt en se tournant vers la papauté. Il la rassure en renonçant de lui-même à sa charge de sénateur de Rome et au vicariat impérial en Toscane auquel le Saint-Siège l'avait nommé durant le Grand Interrègne. Premier pas dans une marche que le pape d'alors, Nicolas III, s'empresse de soutenir dans son désir de pacification et l'espoir que la fin des conflits qui déchiraient les princes leur permettrait de s'unir pour délivrer la Terre sainte.

Sous son égide, Rodolphe et Charles se réconcilient, entente scellée comme il se doit par un projet de mariage : Charles Martel, le petit-fils de Charles d'Anjou, épousera la petite-fille de l'empereur, Clémence de Habsbourg.

Le pape s'est réservé le droit de fixer la dot. La disparition d'Hartmann, le père de Clémence, facilite sa constitution. Ce sera le royaume d'Arles et de Vienne, reconstitué au profit du prince de Salerne, fils aîné de Charles d'Anjou et père de Charles Martel, pour être remis plus tard à ce dernier et à son épouse Clémence. C'est le renversement du projet anglais. Pis, son décalque exact, il a suffi de substituer les noms des bénéficiaires.

On imagine l'amertume de Marguerite. Le pape lui a adressé de belles exhortations en l'invitant à faire sa paix avec son beau-frère investi de ce comté de Provence qui lui avait pourtant été promis ! Éléonore n'est pas moins déçue. Mais, on le sait, elles ne sont pas femmes à baisser les bras ; elles décident d'une action commune. Le vent a tourné à la cour de France pour pousser Marguerite en avant, et Éléonore peut espérer l'appui total de son fils, car pour se l'assurer, Marguerite consent à ne plus réclamer tout le comté, en tant qu'aînée, mais laisserait leur part à Éléonore et aux enfants de Sanche et de Béatrice.

La cour de France à l'heure anti-angevine

La constitution d'une puissante domination angevine et impériale étendue du Rhône aux Alpes, des rives du lac Léman à la Méditerranée, ne laisse pas d'inquiéter les dirigeants de la France. S'y ajoute la politique d'agressivité de Charles d'Anjou qui a refusé de faire sa paix avec Marguerite. Les émissaires envoyés pour l'y engager sont revenus bredouilles : Charles a estimé insuffisant le dédommagement qu'on lui proposait pour la perte de la Provence.

L'intérêt de la France comme celui de l'Angleterre exigent à présent de satisfaire les revendications des deux reines douairières de France et d'Angleterre. Néanmoins les conseillers hésitent encore. Charles, se sentant menacé d'une offensive française, s'est efforcé de se réconcilier avec Philippe III et, dans les premiers mois de 1280, a réussi à obtenir de lui que son fils, le prince de Salerne, serve de médiateur entre la France et la Castille, au sujet de l'héritage de la Castille et du sort des petits-enfants de Marguerite, toujours détenus par Alphonse X et Pierre d'Aragon. La récente tentative d'Édouard Ier, l'époux d'Éléonore de Castille, ayant échoué, tout dépendait maintenant du succès du prince de Salerne.

Les négociations s'enlisent à Bayonne où le prince de Salerne rencontre le roi de Castille, Philippe III s'étant installé à Mont-de-Marsan. Alphonse X propose de dédommager son petit-fils, Alphonse de la Cerda, neveu du roi de France, en l'investissant du royaume de Jaen qu'il tiendrait en fief de Don Sanche choisi comme héritier. Devant cette mauvaise foi, Philippe quitte Mont-de-Marsan pour Toulouse. Le prince de

Salerne ne cesse de faire la navette entre les deux rois, sans plus faire avancer l'affaire.

Lorsqu'il est devenu clair que les enfants de Blanche de France ne seront jamais libérés, l'échec du prince de Salerne rend la cour franchement anti-angevine. Même les conseillers partisans de la paix à tout prix ne peuvent maintenir plus longtemps l'absence d'intervention contre le comte de Provence.

En janvier 1281, Marguerite, qui a déjà réclamé et obtenu l'appui de l'Angleterre pour récupérer « cette terre de Provence qui appartient à nous et à notre très chère sœur », comme elle le rappelle à Édouard en août 1280, emporte celui de son fils. Philippe lui permet de lever une armée.

Marguerite de Provence a convoqué ses partisans à Mâcon pour le mois de septembre 1281. On y verra aux côtés de son propre fils Pierre, comte d'Alençon, les comtes de Vienne, de Savoie, celui de la Bourgogne impériale, et le duc de Bourgogne, tous menacés par « ce royaume d'Arles » que l'on prétendait reconstituer au profit d'un descendant de Charles d'Anjou. S'y joint son neveu, Edmond de Lancastre. Pour conseiller Marguerite, Édouard Ier lui a envoyé son sénéchal de Gascogne, « homme brave et prudent », et sur sa demande il consentira à ce que le sénéchal demeure auprès d'elle plus longtemps que prévu.

Quelques jours après son arrivée à Mâcon, le 22 septembre, arrivée retardée par des ennuis de santé, Marguerite écrit à Édouard :

Très cher neveu, comme nous avons toujours désiré et travaillé, selon notre pouvoir, pour qu'une bonne paix et un bon amour fussent gardés entre votre bon père et notre seigneur, le roi de France et ses enfants [...] nous regardons une voie par laquelle nous entendons, si elle se faisait, que votre cœur et celui de notre fils puissent être joints ensemble par bon amour et que toute manière de contestation puisse être enlevée, c'est à savoir que ce mariage se fasse entre votre fils et l'une des filles du roi notre fils ; et nous travaillerons très volontiers pour ce but si nous apprenons qu'il plaît. Nous vous prions de nous faire savoir votre volonté, et sitôt que nous la connaîtrons, nous la suivrons volontiers...

Dans sa réponse, trois semaines plus tard, Édouard invoque l'absence de son conseil pour retarder sa décision, car, dit-il, elle ne dépend pas de lui. En clair, il élude le sujet de ce mariage dont la réalisation remplirait pourtant de joie sa mère et sa tante. Ce n'est pas très bon signe.

C'est une autre déconvenue qu'apporte à Marguerite la réponse du roi d'Angleterre à l'annonce enthousiaste qu'elle lui a faite de la résolution, prise à l'unanimité à Mâcon, de réunir une armée à Lyon, au printemps de 1282. Tout en lui promettant d'envoyer des troupes à Lyon à la date prévue, Édouard l'informe qu'il a entrepris une ultime initiative en vue de la paix.

Le roi d'Angleterre, qui décidément répugne à se brouiller avec l'empereur, a engagé une manœuvre de grande ampleur. Il sollicite l'intervention du nouveau pape Martin IV qu'il sait depuis longtemps favorable à Charles d'Anjou. Au prince de Salerne qu'il connaît bien, il expose la situation difficile dans laquelle il se trouve : parce qu'il lui doit beaucoup, il ne peut faire défaut à « Madame de France » dont ils sont, il le souligne habilement, tous deux les neveux ; il ne peut non plus abandonner sa mère dont il est le seul soutien. Édouard appelle ainsi la paix de ses vœux ; mais sans attendre que le prince de Salerne parvienne à persuader son père de la conclure, il la propose directement à Charles d'Anjou.

Vaines démarches. Aujourd'hui encore moins qu'hier Charles ne consentirait à se défaire de la Provence, base de l'empire italo-oriental dont rêve son ambition. Le pape ne peut transmettre que de vagues promesses, d'ailleurs démenties par les navires rassemblés sur le Rhône, aux environs de Tarascon, prêts à envahir Vienne : c'est la riposte de Charles d'Anjou à la réunion de Mâcon.

Les dés sont jetés. C'est la guerre. Marguerite est optimiste ; elle se sait soutenue dans la région rhodanienne par une grande partie de l'opinion, en particulier par le clergé qui craint d'être privé de ses bénéfices.

Mais la révolte éclate en Pays de Galles au moment même où les renforts anglais devraient arriver à Lyon. Le roi d'Angleterre a besoin de toutes ses forces. Il l'écrit à Marguerite. Elle répond aussitôt, le 9 mai 1282 :

Très cher neveu, comme vous nous avez fait savoir que vous vouliez que nous vous excusions de ce que vous ne pouvez nous aider en notre besogne de Provence, comme vous nous l'aviez toujours courtoisement promis, à cause de vos difficultés dans le Pays de Galles, sachez que nous vous excusons et que nous vous prions seulement, quand le lieu et le temps seront venus, de la bonne promesse que vous nous avez toujours faite. Et sachez que nous avons grand chagrin de cœur à cause du dommage que le prince de Galles et ses frères vous ont fait et font encore comme si vos difficultés étaient nôtres et que nous mettrions volontiers tout le meilleur conseil que nous pourrons placer en vos affaires. Faites-nous savoir si nous pouvons vous conseiller en cette besogne et nous vous offrons notre présence et ce que nous avons, car nous voulons faire votre plaisir. Bien que nous sachions, beau neveu, que vous êtes plus efficace et plus sage que nous le sommes. Toutefois, nous vous donnons avis et nous vous prions que vous restiez sage en cette affaire et que vous soient épargnés les cas et les aventures qui advinrent en l'autre guerre, celle de Simon de Montfort. Pour Dieu, beau neveu, faites-nous savoir l'état de votre santé et celui de vos affaires car nous serons beaucoup réconfortée toutes les fois que nous pourrons en apprendre de bonnes.

Que Notre-Seigneur vous garde. Donné à Mâcon, le mardi après la Pentecôte.

Est-il besoin de commenter la noblesse de cette réponse, d'admirer la grandeur d'une femme prête à faire passer les soucis des autres avant les siens ? Mais il ne faut pas moins saluer l'intelligence avec laquelle Marguerite flatte l'amour-propre de son neveu, « efficace et sage », tout en lui prodiguant les conseils qu'elle estime devoir lui donner. Le rappel du temps malheureux où la royauté avait à affronter les barons et Simon de Montfort n'est pas innocent non plus : c'est faire souvenir à Édouard de l'aide qu'elle a alors apportée à toute sa famille, et qu'elle attend de lui en retour, lorsque les circonstances seront redevenues favorables.

Le seront-elles jamais pour satisfaire l'espérance qu'elle porte depuis tant d'années ? Marguerite comptait sur cette guerre pour entrer en possession de ce qu'elle estimait son bien ; elle n'imaginait certes pas que ce serait une autre guerre, une guerre à laquelle elle aurait pu demeurer étrangère, qui la conduirait à renoncer à son rêve.

VI

LE RÊVE ÉVANOUI

Les Vêpres siciliennes

Le 30 mars 1282, lundi de Pâques, éclate en Sicile un événement d'une telle importance historique que la tragédie qui se déroula à Palerme, ce jour-là, à l'heure des Vêpres, est restée dans les mémoires sous le nom de « Vêpres siciliennes », et invoquée chaque fois que, dans le sang, tout un peuple tente de secouer le joug d'une oppression politique étrangère, comme celle que Charles d'Anjou faisait peser sur la Sicile.

Fruit d'une incitation étrangère, celle de Pierre III d'Aragon, l'époux de Constance de Souabe, la fille de Manfred désireuse d'entrer en possession de son héritage, ou soulèvement populaire spontané [1], les Siciliens massacrèrent, ce soir-là, tous

1. Les deux thèses s'affrontent. Mais, comme le remarque É.-G. Léonard (*Les Angevins de Naples*), « préparé de longue main, un événement peut être, dans sa réalisation soudaine imprévue, improvisé ». Il semble bien qu'une rixe entre jeunes gens et sergents royaux ait éclaté à propos d'une femme, ce soir de fête, aux alentours de l'église du Saint-Esprit de Palerme, et dégénéra en violence sanguinaire, au cri de « Mort aux Français » soutenu par le tocsin.

les Français, aux maisons marquées d'un signe sanglant pour les reconnaître. Ils n'épargnèrent ni les vieillards, ni les femmes, ni les enfants, et allèrent jusqu'à éventrer les femmes enceintes pour « tuer les enfants des Français avant leur naissance ».

En un mois, l'insurrection, accompagnée des mêmes scènes terrifiantes, gagna toutes les villes de l'île à l'exception de Sperlinga.

Ce qui restait des garnisons angevines s'était replié sur le port de Messine. Le gouverneur de l'île y résidait et la famille sicilienne des Riso, fidèle aux Français, y était la plus influente. Mais la pression des Palermitains fut la plus forte : la ville passa à la révolte et le dernier point de la résistance angevine céda, le 28 avril, contraignant les troupes à se retirer en Calabre.

Une vaine tentative de débarquement à Palerme, le 8 avril, avait prouvé à Charles la nécessité d'une forte expédition militaire, d'autant que les Siciliens avaient fait appel au roi Pierre III d'Aragon. Il rassemble les troupes destinées à son offensive sur Constantinople, en réclame en Provence et, le 9 mai, écrit à son neveu Philippe, lui demandant de permettre à Robert d'Artois de le rejoindre avec cinq cents hommes.

Le prince de Salerne s'est rendu à Paris dès l'annonce du massacre à Palerme. Futur héritier de la Provence, le fils de Béatrice a compris la gravité de la situation et qu'il était grand temps de négocier avec Marguerite pour obtenir sa neutralité en échange des efforts qu'il ferait pour raisonner son père au sujet des comtés de Provence et de Forcalquier. Il en obtiendra bien davantage.

Les événements de Sicile ont horrifié Marguerite et, oubliant son inimitié, elle ne voit plus en Charles d'Anjou que le frère de son bien-aimé époux qui eût sûrement volé à son secours. La plupart des chevaliers, barons et princes qu'elle a réunis à Mâcon partiront à sa demande pour l'Italie avec son fils Pierre, comte d'Alençon, afin de se joindre au corps expéditionnaire de Robert d'Artois.

Marguerite a-t-elle pensé que l'arrivée en Calabre de ce renfort inattendu rendrait Charles moins intraitable au sujet de la Provence ? Consciemment ou non, les décisions généreuses peuvent s'entacher d'intérêt. Mais Marguerite de Provence n'est pas femme à agir par pur calcul mais bien davantage par élan du cœur.

Le roi d'Aragon débarque en Sicile

Philippe III a averti Pierre d'Aragon que toute aide aux Siciliens serait considérée comme un acte d'hostilité contre la France. Le pape Martin IV, résolument du côté de Charles d'Anjou, dont il soutenait les visées sur Constantinople [1], a fulminé l'excommunication des rebelles siciliens, en l'étendant à tous ceux qui les aideraient. Cette mise en garde n'a pas arrêté le roi d'Aragon excité par son épouse, femme volontaire et vindicative. Feignant de cingler vers l'Afrique pour y combattre les musulmans, Pierre III a dirigé sa flotte vers la Sicile et débarque le 30 août 1282 à Trapani, non loin de Palerme. Le 4 septembre, Palerme acclame l'époux de la petite-fille de Frédéric de Hohenstaufen, qui jurait de garder les libertés siciliennes « du temps du bon roi Guillaume [2] », et le couronne roi de Sicile.

Pierre d'Aragon s'est dirigé aussitôt vers Messine où Charles d'Anjou a ancré, en juillet, la flotte destinée à l'expédition d'Orient, mais se heurte à forte résistance.

Menacé à présent d'être pris entre l'armée du roi d'Aragon, à Messine et la flotte catalane qui peut lui couper la route, Charles tente en vain d'obtenir une trêve avant de se résoudre, le 14 septembre, à rembarquer, en abandonnant une partie de son matériel et tous ses prisonniers.

1. Martin IV a excommunié l'empereur byzantin, Michel Paléologue, coupable de ne pas avoir respecté les engagements pris au concile de Lyon en 1274. L'affaire de Sicile retarde la réalisation des desseins de Charles d'Anjou, son champion en Orient.
2. Le temps des rois normands.

Le désarroi est tel chez les Angevins que, malgré une flotte bien supérieure à celle de l'ennemi, ils se font battre dans les eaux de Reggio et ne peuvent empêcher les forces catalanes de débarquer en Calabre ultérieure, la coupant ainsi du reste du pays.

Pierre d'Aragon n'entend pas se contenter de la seule île et se présente comme « le libérateur » de tout le royaume de Sicile. Tous les gibelins d'Italie, qui ont salué les Vêpres de Palerme comme une victoire, applaudissent, tandis que le pape prononce l'excommunication de Pierre III et sa déchéance de tous ses domaines.

À Reggio, Charles réclame des renforts au sénéchal de Provence. Vingt galères et deux mille arbalétriers et lanciers devraient arriver à la mi-mars. Sur le terrain, la situation est difficile, car Charles se méfie des autochtones ; il ne peut compter que sur les contingents français, les seuls dont il peut être certain de la fidélité. Quelque diligence qu'ait faite le prince de Salerne, il n'arrive avec Robert d'Artois et ses cinq cents cavaliers qu'en octobre et c'est seulement le 24 novembre que l'on signale le passage à Florence du comte d'Alençon et de ses compagnons.

La comédie bordelaise

La situation s'enlise en Italie. Charles d'Anjou ne parvient pas à livrer bataille à une armée aragonaise qui se contente d'escarmouches. Il nomme, le 12 janvier 1283, son fils vicaire du royaume, et part aussitôt pour la France.

Les deux rois de Sicile et d'Aragon ont décidé – sans qu'on sache lequel des deux a pris l'initiative du défi – d'un gigantesque jugement de Dieu : cent chevaliers aragonais affronteront jusqu'à la mort cent chevaliers angevins. Le royaume de Sicile resterait au parti survivant. Le lieu est choisi : Bordeaux, et la date fixée au 2 juin 1283.

L'affaire plaisait au chevaleresque roi de France qui recrute lui-même les participants volontaires pour la joute et fait, à ses frais, fabriquer leurs armures ! Le pape, en revanche, condamne ce duel d'un autre âge et, sous sa pression, le roi d'Angleterre renonce à le présider, mais autorise son sénéchal à l'organiser.

Charles d'Anjou était déjà à la cour de France depuis quelques jours, lorsqu'il en partit avec le roi pour Bordeaux. Ils y font leur entrée à grand bruit, accompagnés d'une imposante armée. Pierre d'Aragon est arrivé la veille, seul et presque secrètement.

Le drame tourne en comédie. Les deux protagonistes s'évitent soigneusement. Ils se présentent tour à tour sur le champ clos, faisant officiellement, par notaires, constater l'absence de l'autre. Dieu n'aura pas à juger à qui appartient la Sicile !

En fait, le défi n'a été lancé et accepté que pour affirmer, aux yeux du monde, la sincérité de chacun en proclamant son bon droit. Ils peuvent tous deux à présent s'accuser mutuellement de dérobade.

Réconciliation de Marguerite et de Charles d'Anjou

En mai 1283, le pape Martin IV renouvelle la bulle proclamant Pierre III excommunié et déchu de tous ses domaines. Il appelle à une croisade contre l'Aragon, assortie pour les participants de toutes les indulgences des croisades en Terre sainte.

Pour l'amener à prendre la croix, le pape offre à Philippe III, encore à Bordeaux, le trône d'Aragon pour son cadet, Charles de Valois.

Accepter cette couronne lancerait la France entière contre le roi d'Aragon : quelle aubaine pour Charles d'Anjou qui, demeuré en France, prêche la bonne parole à son neveu. Certes, Philippe est doublement séduit par l'offre du pape, car il brûle de prendre sa revanche sur l'humiliation de son expédition pyrénéenne, mais il faut convaincre un gouvernement réticent à se lancer dans cette aventure. Non seulement Mathieu Vendôme redoute les folles dépenses suscitées par la guerre, mais, fidèle à la politique de saint Louis, il reste opposé à ces coups de force pontificaux contre les princes. On gage que Marguerite soutient cet avis-là, comme son petit-fils, le futur Philippe le Bel qui a de la sympathie pour le roi d'Aragon. Pierre III, qui a tout à redouter de la coalition de Charles d'Anjou et du roi de France, sollicite Marguerite avec l'espoir qu'elle parviendra à détacher le roi de son oncle.

Ce dernier, dont la dernière tentative de débarquement en Sicile a encore échoué, sent le moment venu de traiter avec sa belle-sœur au sujet de la Provence, afin de s'attirer la bienveillance du roi de France.

En novembre 1283, il consent à engager des pourparlers avec Marguerite, par l'intermédiaire de leurs représentants. Tous deux acceptent de s'en remettre au roi pour la décision finale. C'est à l'avance, Charles le sait, souscrire au triomphe de Marguerite, mais il a trop besoin des forces royales françaises dans sa lutte contre le roi d'Aragon pour ne pas l'accepter.

Marguerite a-t-elle enfin atteint le but ?

Le rêve évanoui

Les partisans de la guerre l'ont emporté, à la cour, sur ceux de la paix. Philippe III, rayonnant, a annoncé, à l'issue de l'assemblée des barons réunis à Paris, qu'il acceptait les royaumes d'Aragon et de Valence pour son fils Charles de Valois. Cela signifiait qu'il allait diriger la « Voie » d'Aragon – c'est ainsi qu'on appelle la croisade lancée par le pape Martin IV contre Pierre III.

La lutte n'en continue pas moins en Italie. Dans l'attente de l'arrivée de son père avec les forces qu'il ramènerait de Provence pour une grande attaque sur la Calabre et la Sicile, le prince de Salerne devait, selon des ordres formels, se contenter d'actions locales de défensive ou de récupération de places importantes ; mais il s'est abandonné « aux aiguillons de l'impatience et à des conseils insensés » – peut-être ceux de Robert d'Artois – en attaquant l'amiral Ruggerio di Laura qui, remontant avec sa flotte les côtes napolitaines, s'était ancré dans le golfe à proximité de Naples.

Le 5 juin 1284, l'opération tourne au désastre : le prince de Salerne, tombé aux mains des Siciliens, est emmené captif à Messine [1]. À la nouvelle, la population napolitaine se soulève, pille les maisons des Français et en massacre un grand nombre.

Le lendemain même, Charles d'Anjou arrivait avec sa flotte provençale, à moins de deux jours de voile de Naples. Les chroniqueurs racontent que, à l'annonce du désastre et de la capture de son fils, il s'exclama : « Qui perd un fou ne perd rien ! » et : « Que n'est-il mort pour avoir manqué à notre ordre ! »

En réalité, ce désastre atteignait profondément Charles dans son amour paternel. « Mes entrailles sont naturellement émues… », écrit-il au pape après être arrivé à Naples où il eut tôt fait de rétablir l'ordre. Avec l'admirable ténacité qui était la sienne, il ne se considérait pas comme battu. « J'ai, grâce à Dieu, abondance de soldats et de marins. Je pourrais réussir dans une affaire bien plus ardue », disait-il dans cette même lettre. Et, moins de trois semaines après la défaite de son fils, il se mettait en route pour assiéger Reggio. Quoique celle-ci tînt bon, il essaya de débarquer tout de même en Sicile, mais dut y renoncer, tandis que l'amiral aragonais Ruggerio di Laura réussissait à saccager les côtes calabraises. Abandonnant la Calabre, où la population lui était résolument hostile, tandis que, dans son armée, les désertions se multipliaient, Charles se retira au début de septembre dans les Pouilles.

Est-ce cette série d'échecs qui eurent raison de sa santé et de sa résistance morale ? Épuisé, Charles d'Anjou, s'éteignit à Foggia, le 7 janvier 1285, après avoir désigné comme héritier

1. « Ruggerio di Laura profita de sa victoire pour exiger la libération d'une fille de Manfred, demi-sœur de la reine Constance, enfermée depuis dix-huit ans à Naples, dans le château de l'Œuf. » Émile-G. Léonard, *Les Angevins de Naples*.

de sa couronne son petit-fils Charles Martel pour le cas où le prince de Salerne ne pourrait la recevoir [1].

On ne sait si Pierre d'Alençon disparut lors des derniers combats, ou s'il était déjà mort, « assassiné sous sa tente, en Sicile [2] », lorsque, en mai 1283, les adversaires se présentèrent à Bordeaux pour ce duel qui n'eut pas lieu.

Si le seul but de Marguerite en permettant à son fils de partir en Italie était de rendre son beau-frère moins intraitable au sujet de la Provence, ce sacrifice aurait été bien douloureusement inutile : en tant que fils et petit-fils de Béatrix de Provence, c'est en toute légalité que l'un ou l'autre entrerait en possession du comté.

La croisade d'Aragon

Philippe III n'a pas attendu les préparatifs, qui occuperont toute l'année 1284, pour s'entendre avec Jayme II, dont il fallait traverser le petit royaume de Majorque pour parvenir en Catalogne. Le frère de Pierre d'Aragon a choisi le camp français, pensant en tirer avantage dans les conflits qui l'opposaient à son aîné, impérieux et de toute manière envahissant. Il n'aurait pas non plus à s'inquiéter de la Castille.

Alphonse X était mort en mai 1284, en maudissant son fils Sanche. Après l'échec des négociations de Bayonne, Sanche, craignant d'être déshérité parce qu'il sentait chez son père un réel désir de faire la paix avec la France et de justice envers les enfants de son frère, regroupa autour de lui tous les tenants du droit traditionnel. En avril 1282, à Valladolid, la plupart des seigneurs de grand lignage, des prélats et des villes, ainsi que les rois du Portugal et d'Aragon, le confirmèrent héritier en lui transférant toutes les prérogatives royales.

---

1. Il avait été condamné à mort en Sicile et dut son salut à l'intervention du roi d'Aragon, s'il faut en croire les chroniqueurs.
2. G. Sivery, *Philippe III le Hardi*.

Cette révolte soutenue par les musulmans de Grenade déclencha la fureur d'Alphonse X qui, le 8 octobre, le déshérita solennellement et le maudit. Le 8 novembre 1282, le roi de Castille dictait son testament qui confirmait sa volonté de léguer le royaume à Alphonse de la Cerda, l'aîné des enfants de Blanche de France. Ce faisant, il pouvait requérir l'aide du roi de France dans la guerre civile qui déchirait le pays, une aide qu'encourageait le pape Martin IV qui jeta l'interdit sur les partisans de Sanche. Mais Philippe III se borna à autoriser les garnisons de Navarre à des chevauchées dans les régions frontières de la Castille, car les événements de Sicile cette année-là accaparaient son attention.

À la mort d'Alphonse X, Philippe aurait pu craindre que Don Sanche, devenu Sanche IV, roi de Castille, se dressât aux côtés du roi d'Aragon qu'il s'apprêtait à combattre ; mais Sanche avait fort à faire en Castille où il avait à combattre les troupes du roi du Maroc et à empêcher les Navarrais de piller son royaume.

Les choses se présentaient donc on ne peut mieux pour Philippe. Les préparatifs achevés, avec l'assurance que ne se renouvellerait pas le drame de Sauveterre tant on a accumulé d'approvisionnement dans les villes et les ports du Midi et de bateaux pour le transporter, le roi prit l'oriflamme à Saint-Denis, en mars 1285.

Philippe III, accompagné de ses deux fils, Philippe, roi de Navarre depuis son mariage avec Jeanne de Champagne, et Charles, « roi d'Aragon », partit aussitôt de Saint-Denis avec tous les grands seigneurs pour rallier Toulouse où l'armée devait se rassembler. La reine Marie de Brabant et les dames les suivirent jusqu'à Carcassonne. Marguerite n'était pas là pour faire à son fils des adieux déchirants On sait qu'elle n'approuvait pas cette croisade contre Pierre III, l'excommunié, que la disparition de Martin IV, le jour de Pâques dernier, n'avait pu arrêter, mais dont tout le monde était persuadé qu'il ne s'agirait que d'une promenade militaire. À la seule vue de la considérable armée royale, l'ennemi, disait-on, s'effondrerait !

La mort du roi

L'offensive connaît, en effet des débuts foudroyants. En mai, le roi traverse le Roussillon, y laisse les traces d'un horrible massacre à Elne, place que naguère Pierre III avait dérobée à son frère Jayme, emprunte un sentier montagneux « plein d'épines et de ronces » pour franchir le pas de l'Écluse, pénètre en Catalogne le 11 juin et, le 28, entreprend le siège de Gérone. La ville est admirablement fortifiée, le capitaine de la garnison, remarquable, et la résistance est acharnée. Furieux, Philippe s'obstine à vouloir la soumettre. À mi-chemin de Barcelone, la victoire française doit marquer le pas.

Le vent a tourné. En août, la flotte aragonaise a anéanti celle qui assurait le ravitaillement des troupes françaises, le paiement des soldes et l'arrivée des renforts ; l'amiral Roger de Loria, arrivant de Sicile avec soixante-dix galères, a débarqué au port de Rosas, s'emparant des vingt galères restant au roi de France. La chaleur écrase l'armée qui s'épuise en vains assauts devant Gérone. Pour ajouter à la désespérance, une épidémie ravage ses rangs. Et Pierre III s'approche. Laissant la régence de la Sicile à la reine Constance dès qu'il avait eu vent des préparatifs du roi de France, il a regagné son royaume à force de rames pour organiser sa défense.

Le combat a lieu le 14 août, si indécis que chaque camp peut s'attribuer la victoire. Toujours est-il que l'armée aragonaise a reculé et que Gérone, affamée, capitule. Mais l'état de l'armée française est tel que, le 13 septembre, Philippe décide de se retirer. De toute manière, s'excuse-t-on, la saison est trop avancée.

En réalité, c'est la déroute. Malade et peut-être blessé, le roi de France est bientôt contraint à un transport en litière, pour lui une humiliation. L'armée avance lentement, sur des sols détrempés et boueux. Les Pyrénées ne sont franchies que le 30 septembre. Le roi, arrivé péniblement à Perpignan, y meurt, le 5 octobre 1285.

Le bruit courut qu'en fait Philippe III était déjà mort et que la litière ne transportait qu'un cadavre, un subterfuge nécessité par la tradition : à l'exception de l'outre-mer, un roi de France ne pouvait s'éteindre qu'en France.

Huit jours plus tard, Gérone retombait aux mains des Aragonais. « Cette croisade était un échec complet. Elle portait de surcroît atteinte au prestige français : c'était la première fois qu'un Capétien agressait un pays étranger, non pour se défendre, mais pour conquérir [1]. »

Une fois encore, on fait fi des volontés de Louis IX : l'abbatiale de Saint-Denis aurait dû recevoir les restes du roi de France mais, et ce n'est pas Marguerite qui pourra l'empêcher, Philippe IV remet le cœur de son père aux Dominicains de Paris, conformément au vœu du défunt, mais au grand dépit des moines querelleurs de Saint-Denis et de leur abbé, Mathieu de Vendôme. C'est la seconde défaite du puissant conseiller du roi défunt, qui a tout tenté pour empêcher sa funeste expédition, et le premier acte d'autorité du nouveau souverain. Ce ne sera pas le dernier. Mais Mathieu de Vendôme n'aura pas à souffrir longtemps de la profonde transformation du gouvernement du royaume pour lequel Philippe le Bel choisira lui-même ses conseillers. L'abbé de Saint-Denis meurt en 1286, et cette disparition signe l'effacement définitif de la pensée politique de Louis IX et celui de Marguerite de Provence.

1. G. Bordonove, *Philippe le Bel.*

VII

LE SACRIFICE DE MARGUERITE

Le 6 janvier 1286, on a sacré et couronné roi de France le petit-fils de Marguerite. Elle peut en être fière, comme Louis l'eût été, lui aussi. Philippe IV le Bel, à 17 ans, est un jeune prince superbe, haut de taille, blond comme son aïeul, robuste comme son père mais sans sa violence et, surtout, il n'en a pas hérité le côté immature. Il est aussi enragé de chasse que l'était Philippe le Hardi, au point de s'y livrer plusieurs jours avant d'aller à Reims, et aussi dévot que lui, mais contrairement à son père, il est parfaitement instruit. Il a fait son profit de l'excellence des leçons de son précepteur, homme remarquable pour sa science juridique, et de telle réputation à l'université de Paris où il professait la théologie qu'on l'y surnommait « Prince des Théologiens ». Il avait écrit à l'intention de son élève, l'héritier présomptif du royaume, un essai intitulé *De regimine principis*, démontrant les avantages du pouvoir absolu, justifié selon lui par la volonté divine.

C'est un homme d'État et non un guerrier qui gravit les marches du trône. Le fils de Philippe III a ouvertement désapprouvé la croisade d'Aragon et devenu Philippe IV il n'a nulle intention de réparer son humiliant échec. Tous les protagonistes des conflits qui ont occupé le précédent règne ont disparu : Pierre III est mort, en novembre [1]. C'est une nouvelle génération qui occupe le terrain ; une nouvelle politique fleurit, soucieuse de réconciliation. L'Europe aspire à la paix.

Le jour de Noël 1286, Édouard Ier a pris l'initiative d'une réunion à Bordeaux des représentants des rois de France, d'Aragon, de Sicile [2] et de Castille. Il a posé comme condition préalable aux pourparlers la libération de Charles II, toujours en Aragon. Alphonse d'Aragon accepte de remettre le fils de Charles d'Anjou en liberté à condition que celui-ci renonce dès à présent à la Sicile, laisse en otages trois de ses fils, verse une indemnité de cinquante mille marcs d'argent et s'engage, si la paix n'était pas signée dans un délai de trois ans, à réintégrer sa prison ou à céder son comté de Provence en dédommagement. On se doute du choix que ferait Charles II dans cette extrémité !

Un adversaire de Philippe le Bel dira de lui : « Ce n'est ni un homme ni une bête. C'est une statue. » C'est à cette statue que Marguerite se heurte en lui parlant de la Provence et de sa revendication que le feu roi son père s'apprêtait à satisfaire. Philippe le Bel, préoccupé par le Nord, comme l'était Philippe Auguste, ne s'intéresse nullement à ce Midi tant convoité par sa grand-mère.

Marguerite de Provence est amère : même son neveu Édouard, en acceptant les conditions d'Alphonse d'Aragon, a enterré son espérance : ou le comté demeurera aux mains de Charles II, ou il retournera aux Aragon ! Elle a encore un autre sujet de chagrin.

Comme si Philippe le Bel était décidé à défaire tout ce que son père avait fait et à mépriser tout ce qui l'avait animé, il se désintéresse ostensiblement de la cause des enfants de la Cerda,

1. On soupçonnera les suites d'une blessure reçue lors de la bataille du 14 août.

2. L'aîné de Pierre III, Alphonse, a hérité de l'Aragon, le cadet, Jayme, de la Sicile.

toujours retenus en Aragon. On discute à Bordeaux autour du roi d'Angleterre mais, faisant cavalier seul, il traite avec Sanche de Castille dont les Aragon contestent le trône. En contrepartie de son renoncement à faire valoir les droits des fils de Blanche, Sanche promet de leur laisser le royaume de Murcie et d'aider la France à combattre les Aragonais – Charles de Valois demeurant toujours virtuellement roi d'Aragon.

En réalité, Philippe le Bel songe moins à conquérir ce trône d'Aragon pour lequel son père est mort qu'à monnayer son renoncement. C'est alors que Marguerite entre en scène : elle détient la clef du problème !

En 1287, son petit-fils a déjà fait pression sur elle en l'amenant à renoncer au remboursement intégral de sa dot contre l'attribution que lui fait son neveu, Charles II, des châtellenies angevines de Beaufort et Baugé, qui agrandiraient, à sa mort, le domaine royal. Cette fois, la pression se fait encore plus forte, car le morceau est plus gros : il ne s'agit pas moins pour Marguerite d'abandonner toute revendication sur la Provence. Moyennant quoi, Charles II offrira la main de sa fille à Charles de Valois, avec en dot les deux comtés d'Anjou et du Maine. Ainsi dédommagé, le frère du roi se détournera de l'Aragon.

En 1291, à Tarascon où se sont réunis les ambassadeurs angevins et aragonais, l'affaire est faite, la réconciliation générale, car si Charles de Valois renonce à l'Aragon, Charles II renonce, lui, à la Sicile et ne conservera que le royaume de Naples.

Philippe le Bel peut se féliciter d'avoir du même coup réglé la situation internationale et l'interminable conflit provençal au grand bénéfice du royaume.

Assurément, Marguerite de Provence n'avait pas envisagé pareille fin à son rêve, mais son sacrifice arrache à une dynastie étrangère un morceau de ce royaume de France qui est devenu le sien, par amour pour un époux toujours présent dans ses pensées.

VIII

LE BOUT DU LONG CHEMIN

La France et l'Angleterre

Marguerite de Provence est maintenant presque au bout de son long chemin solitaire. L'ombre s'épaissit autour d'elle. Non seulement le nouveau règne n'a plus besoin d'elle, mais il la tient à l'écart, se méfiant de ses sentiments proanglais.

Pourtant, dans les premiers temps, il n'en a pas été ainsi. Un des premiers actes du règne de Philippe le Bel fut de confirmer au roi d'Angleterre la restitution de l'Agenais et de régler la question litigieuse du Quercy pour lequel, faute de le lui abandonner, il concédait à Édouard et à ses héritiers une rente annuelle.

Durant près de six mois, à la grande joie de Marguerite, son cher neveu fut l'hôte du roi. Philippe traitait si courtoisement son parent qu'on se serait cru revenu au temps où les rois de France et d'Angleterre se promenaient, bras dessus bras dessous, dans les vergers du palais royal. Mais les incidents qui éclatèrent dans les eaux normandes comme sur la frontière de la Guyenne mirent fin à cette lune de miel.

Tout débuta en 1292, à Bayonne, par une rixe entre marins

bretons et bayonnais qui dégénéra en bataille rangée et en massacre. Les marins des deux nations se haïssaient en raison de la concurrence féroce qu'ils se livraient à Bayonne, à Bordeaux, en Bretagne et en Normandie. Sur ces entrefaites, des navires partis des côtes de Normandie pour aller charger des vins saintongeais trouvèrent à Royan quatre bateaux de Bayonne qu'ils coulèrent. Ces actions se multiplièrent, quoique Philippe le Bel, devant les protestations anglaises, eût fait publier l'interdiction de tels agissements. Au printemps 1293, les Normands expédièrent par le fond un grand nombre de navires anglais et bayonnais, exterminant leurs équipages.

Le roi d'Angleterre ne peut laisser ruiner son commerce. Répondant à la force par la force, il réunit « la flotte des cinq ports » et l'envoie attendre les Normands sur le retour. Encouragés par la victoire, anglaise, les Bayonnais prennent et saccagent La Rochelle.

Philippe le Bel, sans doute parce qu'il ne supporte pas l'idée que l'Angleterre ait la maîtrise de la mer, exige qu'on lui livre les officiers et les marins coupables. Haussant le ton, il intime à Édouard, son vassal en Guyenne, de comparaître devant la cour des pairs.

En retour, les ambassadeurs mandés par Édouard offrent à Philippe de lui donner toute satisfaction, mais devant les tribunaux d'Angleterre. Les deux rois, proposent-ils, pourraient traiter ensemble cette affaire en se réunissant dans un lieu convenu sur les côtes de France, où le roi d'Angleterre se rendrait avec les sûretés nécessaires et, au cas où ce dernier parti ne serait point adopté par le roi de France, de s'en rapporter à la décision du Saint-Siège.

L'air d'indépendance qu'affecte le roi d'Angleterre rend furieux Philippe le Bel qui maintient son ordre de comparution.

Dans un souci d'apaisement, Edmond, comte de Lancastre, s'autorisant de ses étroits liens familiaux avec le roi de France [1],

1. Edmond de Lancastre, époux de Blanche d'Artois, veuve du roi de Navarre, était devenu le beau-père de Philippe le Bel au mariage de ce dernier avec la fille de Blanche, Jeanne, reine de Navarre.

vient alors à la cour suggérer de les resserrer encore en unissant son frère Édouard, veuf d'Éléonore de Castille, à la sœur de Philippe [1].

À la consternation de Marguerite, sa petite-fille décline avec hauteur l'honneur d'être reine d'Angleterre, tandis que son petit-fils, le roi de France, refuse à celui d'Angleterre le sauf-conduit que celui-ci sollicite pour venir à Arras conférer avec lui. Cela signifie qu'Édouard peut s'attendre à être arrêté à son arrivée.

Rompant avec la politique de son aïeul, Philippe le Bel cherche la guerre afin de réduire à l'obéissance son trop puissant vassal anglais et faire de la Guyenne un fief comme un autre. La cour des pairs, constatant l'absence du vassal dûment cité à comparaître, prononce la confiscation du fief. Restera à le conquérir !

Les dernières années

Éléonore n'est plus là pour partager les pensées, les doutes, les chagrins de Marguerite. En juin 1292, sa chère sœur cadette est morte, à soixante-sept ans, au couvent d'Amesbury où elle s'est retirée à l'avènement de son fils Édouard, sans pour autant que son habit de nonne ne la détourne de s'occuper de ses intérêts et de ceux de l'Angleterre.

Cette disparition invite Marguerite à se préparer à sa propre fin. Le monastère de sœurs Clarisses qu'elle a fondé l'attend. Elle y fait souvent retraite avec Blanche, la seule fille qui soit encore proche d'elle, Agnès est, depuis 1279, l'épouse de Robert de Bourgogne. Elle ne se résout pourtant pas encore à s'y retirer. Toutefois, sa présence dans le monde est devenue si discrète qu'on a fini par l'oublier.

---

1. Marguerite de France n'en épousera pas moins Édouard Ier, en vertu du traité de 1298 qui marqua une trêve dans le conflit armé de la France et de l'Angleterre, tandis qu'Isabelle, la fille de Philippe le Bel, sera fiancée au futur Édouard II.

Elle n'a pas plus cherché à s'imposer à la cour de son petit-fils que naguère à celle de son fils. Il y a fort à gager qu'elle ne ressent aucune sympathie pour Jeanne de Navarre. L'épouse de Philippe le Bel est une jeune femme froide et hautaine dont l'existence est propre à décourager l'historien qui tenterait d'écrire sa biographie. Cette reine de France n'a laissé aucune trace derrière elle, sinon d'avoir été « le ventre royal » de sept enfants, auprès de qui on doute que Marguerite ait pu jouer le rôle d'une arrière-grand-mère attentive. Marie de Brabant vit encore à la cour, mais la disparition de Philippe III ne les a sûrement pas plus rapprochées qu'elles ne le furent de son vivant. La participation de Marguerite aux festivités de la cour dut se limiter à celles du mariage, en 1287, de son dernier fils Robert, comte de Clermont avec Marguerite de Bourbon. Encore qu'on n'en ait aucun témoignage.

Marguerite réside le plus souvent à Poissy, si l'on en croit la correspondance qu'elle signe de ce lieu (Georges Sivery fait remarquer à ce propos que, depuis le règne de Philippe III, elle n'écrit plus en latin mais en français). La reine qui fut tant aimée de son peuple existe seulement pour les gens de ses domaines qu'elle continue à administrer avec la même vigilance, et dans le cœur de ceux qui bénéficient de ses œuvres charitables.

Inlassable dans sa générosité, elle soutient de ses dons nombre d'établissements religieux. Outre le monastère des Clarisses rattaché à l'ordre franciscain si cher à son époux, elle fonde, le 26 mars 1287, trois chapelles à Saint-Denis. Grâce aux donations qu'elle constitue, trois chapelains y prieront chaque jour pour le repos de l'âme de Louis et celles de ses enfants disparus.

Cette démarche peut paraître étrange. Marguerite n'est-elle donc pas certaine du salut de son époux alors que, depuis la mort du roi, tout le peuple le proclame saint, fait état de ses miracles, et se presse en si grande foule à son tombeau que l'abbé de Saint-Denis dut y constituer un service d'ordre ?

En assaillant le Ciel de ses prières pour le repos de l'âme de Louis, redoute-t-elle qu'une réputation justifiée de roi pieux, humble, généreux et juste, soit jugée insuffisante à l'assurer ?

Ou bien ressent-elle comme un malaise à l'idée que le jeune et beau chevalier qu'elle a jadis épousé et dont elle a partagé tant d'années les ardeurs soit ainsi statufié par la ferveur populaire, devenant pour elle méconnaissable, et préfère-t-elle penser à un homme comme un autre, un pécheur pour lequel il fallait prier, et non s'adresser à lui, comme tant de gens qui réclamaient son intercession, se souciant peu que le verdict de Rome se fît attendre.

Alors que la durée moyenne d'un procès en canonisation était de deux ans au moment de l'érection des chapelles de Saint-Denis, on attendait depuis 1274 la fin de celui du roi Louis IX. Marguerite a sûrement conscience que la canonisation de Louis magnifierait la famille capétienne à laquelle elle-même est tant attachée, mais elle n'y contribue pas. Le lourd dossier du procès comprend la déposition de Charles d'Anjou, car la famille royale ne néglige rien pour obtenir la glorification du plus célèbre des Capétiens, mais on chercherait en vain celle de Marguerite. Il semble qu'on ne sollicite pas son témoignage, même à propos du miracle qui aurait rendu la parole et l'ouïe à l'un de ses valets. Marguerite se dérobe-t-elle ou est-il délicat pour l'Église de rappeler que celui dont on instruisait le procès en sainteté fut un époux amoureusement attaché à son épouse ? Quoi qu'il en soit, on a évité d'avoir à prononcer le nom de la reine, qui n'apparaît à aucun tournant de cet interminable procès.

Si aucun écrit ne révèle l'état d'esprit de Marguerite durant tout le procès, elle n'en a pas moins fourni des détails intimes sur la vie du roi et du couple qu'ils formaient à son confesseur, Guillaume de Saint-Pathus, qui les a consignés, mais elle en a empêché la publication de son vivant. C'est à sa fille Blanche qu'elle a confié ce soin, et celle-ci ne s'exécutera qu'après la proclamation de la canonisation de Louis IX, en 1297, car il faudra attendre vingt-sept ans pour atteindre le but.

La longue marche vers la canonisation de Louis IX

La ferveur populaire qui entourait la mort du roi Louis et la rumeur des nombreux miracles qui auraient jalonné le retour de son cercueil avaient ému le pape Grégoire X, récemment élu. Le premier acte de son pontificat, en mars 1272, fut d'écrire au Dominicain Geoffroy de Beaulieu, le confesseur du roi qui avait assisté à ses dernières années et à sa mort édifiante. Geoffroy de Beaulieu répondit au pape en lui envoyant sa *Vita et sancta conversatio piae memoriae Ludovicae quondam regis Francorum*, un petit livre de cinquante-deux chapitres venant à l'appui de sa conviction : Louis IX devait être proclamé saint.

Ébranlé par l'ouvrage et les multiples suppliques qui lui parvenaient dans le même sens, Grégoire X chargea, en 1274, son légat en France, Simon de Brie, ancien garde des sceaux de Louis IX, de procéder à une enquête secrète. Les résultats parvinrent en 1276 à la Curie alors que le pape venait de mourir.

Ses successeurs, trois en moins d'un an et demi, n'eurent pas le temps de s'occuper de l'affaire. Il fallut attendre l'avènement de Nicolas III, en 1277, pour que, allant outre son opposition à Charles d'Anjou, la papauté ordonne une enquête, publique cette fois, dont les résultats devaient être examinés à Rome par deux cardinaux. Mais Nicolas III disparut en août 1280.

Le cardinal Simon de Brion, élu sous le nom de Martin IV, entendait bien faire avancer le procès, mais, soucieux de respecter tous les règlements ecclésiastiques, il ordonna la parution de tous les témoins devant trois commissaires siégeant à l'abbaye royale de Saint-Denis.

Entre mai et août 1282, l'archevêque de Rouen, l'évêque d'Auxerre et celui de Spolète entendirent, enregistrés par trois notaires, trois cent trente témoignages sur les miracles, dont ils ne retinrent qu'une soixantaine, et trente-huit témoignages sur la vie du roi, dont celui de Joinville. Les dossiers furent transmis l'année suivante à Rome pour être examinés par une commission de trois cardinaux. Mais, une fois de plus, la mort du pontife, en mars 1285, suspendit tout.

Les suppliques cependant continuaient à arriver à Rome, mais le sort s'acharnait. Entre 1285 et 1292, deux papes occupèrent le trône de Saint Pierre, sans faire avancer la cause. Célestin V, élu en juillet 1294, abdiqua en décembre, sans même avoir fait reprendre les travaux interrompus.

Boniface VIII, membre de la dernière commission, met enfin un terme à ce qui apparaît une impossible quête. Il promulgue, à Orvieto, la canonisation de Louis IX, le 4 août 1297.

Dans le discours pontifical, le nom de Marguerite de Provence est prononcé pour la première fois, comme à la sauvette. Elle n'est plus là pour l'entendre. Retirée au couvent des Clarisses lorsqu'elle a senti ses forces décliner, elle y est morte sans bruit, le 30 décembre 1295, dans sa soixante-quinzième année.

Oubliée mais glorieuse Marguerite

Le décès de Marguerite de Provence, signalé avec une extrême concision dans les chroniques du temps, fut accueilli dans l'indifférence et n'émut que ses protégés. Dans le royaume dont elle fut reine, les églises ne bruissèrent pas de prières ordonnées par le roi, et leurs cloches demeurèrent muettes. En revanche, retentirent toutes celles des églises d'Angleterre. Le roi Édouard Ier rendait ainsi hommage à sa tante qui l'avait tant aimé, tant aidé sa famille dans l'épreuve, et tant travaillé à la paix entre la France et l'Angleterre, cette paix qu'au même moment l'occupation de la Guyenne par Charles de Valois et l'armée royale compromettait gravement.

Néanmoins Philippe le Bel n'oublia pas toute décence. Il ordonna pour sa grand-mère des funérailles solennelles, dignes d'une reine de France. Marguerite fut inhumée dans la basilique de Saint-Denis, près du tombeau de Louis IX, comme s'il ne convenait pas de séparer un couple qui avait été uni par un exceptionnel amour. Deux êtres qui, l'un sans l'autre, n'auraient peut-être pas été ce qu'ils furent. L'Histoire ne saurait en tout cas les désunir et ne pas donner place entière à Marguerite de Provence dans la légende de Saint Louis.

ANNEXES

LA LÉGENDE DE ROMÉE DE VILLENEUVE, CONSEILLER DU COMTE DE PROVENCE

« ... L'âme du grand Romée
Qui fut si mal payé de tout le bien qu'il fit.

Mais les barons jaloux, ces Provençaux infâmes,
N'ont pas à s'applaudir aujourd'hui de leurs trames ;
Car jalouser la gloire est d'un méchant profit.

Si Bérenger s'unit aux maisons souveraines ;
Père de quatre enfants, s'il en fit quatre reines,
Il le dut à Romée, au pèlerin obscur.

Des discours envieux excitèrent le comte.
Ce juste du trésor eut à lui rendre compte.
Il l'avait d'un cinquième augmenté, l'homme pur !

Mais, alors, il partit, pauvre et tout chargé d'âge.
Si le monde savait ce qu'il eut de courage
En mendiant son pain et morceau par morceau,
Son renom déjà grand serait encore plus beau. »

Dante, *Le Paradis*, Chant VI.
(Trad. Louis de Ratisbonne)

C'est sans doute par un jeu de mots portant sur son prénom que la tradition a fait du conseiller de Raimond Bérenger un pèlerin (*Romaeus*). En réalité, de petite noblesse catalane, sa famille, comme d'autres familles catalanes, était venue en Provence au temps d'Alphonse Ier. C'est sur leurs descendants qu'Alphonse II puis Raimond Bérenger V s'appuyèrent pour administrer le comté. Sur les six bailes de ce dernier, quatre au moins étaient catalans ou fils de Catalans, dont Romée Villanova (Romée de Villeneuve).

Ce dernier, homme de grand talent, peut-être même de génie, était déjà en place, jeune conseiller de Gersende de Sabran, veuve en 1209 d'Alphonse II, lorsque, vers la fin de 1216, des seigneurs provençaux ramenèrent Raimond Bérenger d'Aragon. L'enfant y était retenu depuis la mort de son père (il avait alors trois ans), dans une semi-captivité, par ses tuteurs, les rois d'Aragon. Après le roi Pierre II, qui assuma le gouvernement de la Provence et celui de l'Aragon jusqu'à sa mort en 1213, lors de la croisade contre les Albigeois, ce fut Sanche, tuteur de son petit-neveu Jayme (ou Jacques) II, fils de Pierre II, qui délégua les affaires de Provence à son fils Nuno. Mais la Provence était tombée dans l'anarchie, et son indépendance compromise, au cours de l'été 1216, par les menées du comte de Toulouse, Raymond VI. C'est alors que, d'accord avec la comtesse Gersende, un groupe de Provençaux enlevèrent le jeune Raimond Bérenger du château de Monzon, dans les confins aragonais, pour le ramener à Forcalquier auprès de sa mère. La tutelle aragonaise prenait fin, et l'héritier de la Provence était en Provence.

En 1219, à quatorze ans accomplis, Raimond Bérenger, majeur, épousait Béatrix de Savoie et régnait sur son comté avec Romée de Villeneuve pour mentor. Au cours des années, il fit de ce dernier non seulement son principal conseiller, mais le chef de l'administration et de la politique comtale et aussi des forces armées lorsque celles-ci étaient levées. Le don de nombreux châteaux et seigneuries récompensa les services de Romée. Andon, Vence, Argens, et autres lieux en gardent le souvenir.

Que le conseiller si puissant et si riche fût l'objet de jalousie et, un temps, victime des calomnies est un fait. Mais après l'avoir renvoyé, Raimond Bérenger le tira de sa retraite et lui rendit toute sa confiance.

La mort du comte ne mit pas fin à l'activité de Romée ; c'est avec un autre conseiller du comte, Albeta de Tarascon, qu'il travailla, à Cluny, au projet, conçu par Louis IX et le pape, d'unir Béatrice de Provence et Charles d'Anjou, et à la réalisation de ce mariage qui changea le destin du comté.

LES GRANDS BARONS DE FRANCE

Pierre Mauclerc (? — 1250)

Arrière-petit-fils de Louis VI le Gros, Pierre de Dreux, comte de Dreux, surnommé plus tard Pierre Mauclerc.

Philippe Auguste lui confia le gouvernement de la Bretagne arrachée aux Plantagenêts, avec la Normandie, le Maine et leurs terres de Loire, et le maria à Alix, l'héritière légitime du duché.

D'une loyauté parfaite envers Philippe Auguste et Louis VIII, il se rebelle contre la régente Blanche de Castille et rejoint la coalition montée par le comte de la Marche, Hugues de Lusignan, marié à l'ex-reine d'Angleterre, Isabelle d'Angoulême, coalition soutenue par Henri III Plantagenêt désireux de récupérer ses terres.

Pierre Mauclerc, se déclarant « homme des Plantagenêts », maintient son refus d'allégeance au jeune roi Louis IX même après la soumission des autres coalisés. Néanmoins, contraint de déposer les armes en 1231, il signe une trêve de trois ans qu'il rompt peu après le mariage de Louis IX et de Marguerite de Provence.

Devant la carence de son allié Henri III, et incapable de résister à l'offensive royale, Mauclerc se décide, en novembre 1234, à faire acte de soumission à Louis IX, s'engageant à servir désormais la royauté française contre tous, y compris le roi d'Angleterre, et renonçant à la possession de ses châteaux du Perche et de Saint James de Breuvon. En représailles, Henri III lui confisque son comté de Richmond.

Depuis la mort d'Alix en 1226, Mauclerc n'était plus que le *bailliste* (gardien et tuteur) de son fils Jean, et il devra lui céder la Bretagne à sa majorité, en 1236.

Redevenu simple chevalier, après avoir fait partie de l'expédition des barons en Terre sainte sous la conduite de son ami Thibaud de Champagne, il suit Louis IX en Égypte, y accomplit les plus beaux exploits, mais, après la désastreuse campagne, il refuse de demeurer avec le roi en Terre sainte. Il meurt en mer sur le chemin du retour.

Thibaud IV le Chansonnier (1201-1253)

Descendant de Thibaud, comte de Blois et de Chartres, petit-fils de Guillaume le Conquérant, devenu comte de Champagne sous le nom de Thibaud II (1125-1152). Celui-ci fut le premier comte de Champagne à lier sa fortune à celle de la royauté française, après sa rencontre avec le jeune roi Louis VII auquel il promit son soutien. Leurs rapports ne se bornèrent pas aux seuls champs de bataille. La fille de Thibaud II, Adèle de Champagne, fut la troisième épouse de Louis VII, et ses deux fils épousèrent les filles de Louis VII et d'Aliénor d'Aquitaine.

Sous le nom de Thibaut III, le fils cadet de Marie de France et d'Henri de Champagne hérita du titre lorsque son aîné devint roi de Jérusalem. Il mourut au moment où il allait prendre la tête de la 4e croisade (1201). Son épouse, Blanche de Navarre, fille de Sanche VII, mit au monde un fils posthume : Thibaud IV.

Philippe Auguste s'institue son tuteur et Thibaud IV est élevé à la cour de France où Blanche de Castille vient d'épouser le futur Louis VIII. À treize ans, il participe à la bataille de Bouvines, à la tête de son armée de Champagne.

Jusqu'en 1222, ses domaines sont administrés par Philippe Auguste et sa mère, Blanche de Navarre, qui, en 1220, négocie son mariage avec la comtesse Gertrude de Metz. Débarrassé de la tutelle de sa mère, son premier acte est de solliciter de la papauté l'annulation de son mariage pour épouser Agnès de Beaujeu, cousine germaine de Louis VIII.

Thibaud se montre fidèle serviteur du roi qu'il soutient contre l'Angleterre. Mais en 1226 il l'abandonne devant Avignon, lors de la croisade contre les Albigeois, une croisade dont il désapprouvait le but officieux : l'annexion du Languedoc de Raymond VII à la couronne de France.

Quoique motivée par la fin de son service de quarante jours dans l'ost royal, la défection du comte de Champagne fait scandale. On parle de trahison. Plus, à la mort de Louis VIII, on murmure que, par amour pour la reine Blanche, Thibaud a empoisonné le roi. Il n'était un mystère pour personne que, depuis son enfance, le comte de Champagne était fasciné par la belle Blanche de Castille qu'il célébrait dans ses vers, mais il était difficile de lui imputer un empoisonnement dont l'effet eût été bien tardif. Néanmoins Blanche de Castille, qui ne pardonnait pas à Thibaud sa défection, interdit sa présence à Reims, lors du couronnement de Louis IX.

Humilié, le comte de Champagne rejoint la coalition des barons rebelles qui veulent profiter de la mort de Louis VIII pour échapper à l'autorité royale. Chargé par les coalisés de négocier avec la régente, mis en présence de Blanche de Castille, il s'effondre et implore un pardon qu'elle lui accorde. Les barons ulcérés s'en prennent à la Champagne. Thibaut ne doit son salut qu'à l'arrivée armée de Blanche de Castille et du jeune Louis IX, mais il payera cette aide en abandonnant à la couronne le comté de Blois, Chartres et Sancerre (1230).

Thibaud de Champagne enchaîne avec inconscience les incartades. Veuf pour la seconde fois, il entend épouser la fille de Mauclerc, le duc de Bretagne au cœur plus anglais que français. Il doit y renoncer devant la vive réaction de la régente. Il épousera la fille d'un des vassaux les plus loyaux de la cour de France, Marguerite de Bourbon.

Décidément incorrigible, quatre ans plus tard, en 1234, ayant hérité entre-temps du trône de Navarre du fait de la mort de son oncle Sanche, il estime que, concernant le mariage de sa fille, roi de Navarre, il pouvait se passer de l'autorisation du roi de France, et le 15 août 1235, sa fille épouse Jean le Roux, le fils de Pierre Mauclerc.

Cette fois Louis IX prend les armes. Répondant à l'appel de Thibaud, le pape Grégoire IX intervient. Le roi pardonne, mais cela coûte au comte Montereau et Bray-sur-Seine, et la douteuse plaisanterie à laquelle assiste Marguerite de Provence, le jour de sa soumission au palais royal.

Thibaud, qui avait maintes fois promis au pape de partir en croisade, rassemble autour de lui un grand nombre de barons et de chevaliers décidés à partir en Terre sainte (1239-1240). Piètre chef de guerre et sans aucune autorité sur ses compagnons, la campagne qu'il commande ne réalise aucun des objectifs qu'elle s'est fixée. Toutefois, parferant l'œuvre de Frédéric II, il obtient du sultan d'Égypte l'évacuation de Jérusalem et sa restitution aux chrétiens.

À son retour en France, Thibaud IV se consacre jusqu'à sa mort en 1253 à l'administration de ses domaines, tantôt en Champagne, tantôt en Navarre. En mécène éclairé, il tient une cour brillante et parfait son œuvre poétique, une œuvre riche et variée qui méritera au comte de Champagne, prince et poète, le nom de Thibaud le Chansonnier.

Son fils aîné, Thibaud V, comte de Champagne, hérita de la Navarre pourtant promise à sa sœur aînée, Blanche, la femme du comte de Bretagne, qui y renonça contre une forte indemnité en argent. Un accord auquel Louis IX contribua, car Thibaud V était fiancé à sa fille, Isabelle de France, qu'il épousera en 1255. Il mourut avec elle, à Trapani, durant le retour de la désastreuse croisade de 1270. Son frère cadet, Henri III de Champagne, roi de Navarre, époux de Blanche d'Artois, petite-fille de Louis VIII, disparut en 1274. Son unique héritière, Jeanne de Champagne, épousera le futur Philippe le Bel en 1284, apportant ainsi la Champagne et la Navarre à la couronne de France.

LES GRANDS SOUVERAINS

Alphonse X le Sage, roi de Castille (1254-1284)

Il naît à Tolède en 1221 de Ferdinand III le Saint et de Béatrice de Souabe.

Appelé à l'empire par une partie des princes allemands, mais absorbé en Castille par sa lutte contre les Maures, Alphonse X s'efface en 1257 devant son compétiteur, Richard de Cornouailles. Il n'en porta pas moins le titre d'empereur que la papauté n'avait pas décerné à son compétiteur. Ses dernières années furent assombries par la guerre civile suscitée par son fils Sanche, allié avec les Maures d'Espagne auxquels Alphonse X opposa le roi du Maroc. Sanche lui succéda contre le droit de ses neveux, fils de son héritier mort en 1275 et malgré son testament.

L'Espagne doit à Alphonse X le Sage (c'est-à-dire le Savant) son premier code juridique, connu sous le nom *Las Siete Partidas* parce que divisé en sept parties différentes. Éminent juriste, il fut aussi homme de sciences, auteur de nombreux ouvrages, en particulier d'astronomie pour laquelle il se passionnait, réunissant autour de lui un collège de savants chrétiens, musulmans et juifs.

Non content d'être le créateur de la prose castillane qu'il enrichit, dans ses ouvrages, d'arabismes, de latinismes, voire d'hébraïsmes, en l'imposant comme langue officielle de la chancellerie à la place du latin, ce roi fut également un poète et un compositeur. Outre une trentaine de chansons amoureuses ou burlesques, son monumental recueil des *Cantigas de Nuestra Senora*, quatre cent trente cantiques à la Vierge, demeure le témoignage le plus remarquable de la poésie et de la musique espagnole du Moyen Âge.

Frédéric II, empereur germanique (1220-1250)

Il naît en 1194 à Iesi, dans la marche d'Ancône, d'Henri VI de Hohenstaufen, couronné empereur du Saint-Empire romain germanique en 1191, et de Constance de Hauteville, fille du roi Roger II de Sicile. Il demeure orphelin à trois ans. Sa mère avant de mourir l'a fait roi de Sicile et l'a confié à la tutelle du pape Innocent III. « Il grandira comme un agneau parmi les loups » en Sicile. À sa majorité, il s'empare du pouvoir en Sicile et sur le conseil d'Innocent IV épouse Constance d'Aragon, sœur du roi Pierre II.

Frédéric, grâce à une entente entre Philippe Auguste et le pape qui a excommunié l'empereur Othon IV, se voit offrir l'empire en 1212. Il est proclamé empereur à Mayence, après avoir juré fidélité au pape et souscrit à toutes ses exigences, dont la promesse de partir en croisade en Terre sainte. Il participe à la bataille de Bouvines (27 juillet 1214) où le roi de France écrase l'empereur Othon IV et ses coalisés et, au soir de la bataille, lui restitue les insignes impériaux originaux qu'Othon, par précaution, avait emportés avec lui. Frédéric les rapportera à Aix-la-Chapelle où il est couronné en juillet 1215, reconnu par toutes les populations des villes impériales qu'il avait traversées. Il sera sacré à Rome en 1220 par Honorius IV. À 26 ans, Frédéric II réunit dans une seule main ferme le royaume de Sicile et l'Empire germanique.

En Sicile, qu'il dote d'une nouvelle constitution et qu'il gouverne en monarque absolu comme en Italie, il se préoccupe de développer une intense vie intellectuelle. Il crée l'Université de Naples, où l'on enseigne le Droit civil romain, les traités de Cicéron, l'histoire et la géographie, au moment où la Sorbonne se préoccupe essentiellement de théologie. Il fonde à Salerne l'École de Médecine qui devient aussi célèbre que celles d'Alexandrie, de Bagdad et de Cordoue. On y pratique des dissections, considérées partout ailleurs comme sacrilèges, et on y prodigue, outre un enseignement médical où les Arabes sont passés maîtres, celui des mathématiques et de l'astronomie. Philosophes, savants et poètes entourent Frédéric dans lequel on verra un précurseur des princes de la Renaissance.

À la suite d'une révolte des Arabes en Sicile, qu'il avait durement matée, Frédéric II déporte les populations arabes dans les Pouilles. Il fit construire et fortifier une ville où elles eurent le droit de se regrouper, de s'administrer et de pratiquer leur culte comme elles l'entendaient. Cette initiative inquiète le pape qui adjure l'empereur de partir en croisade, comme il l'avait promis, et impose pour ce départ la date de 1227. Pour faciliter l'expédition en Terre sainte, Frédéric étant veuf, Honorius lui fait épouser Yolande de Brienne, la fille et héritière de Jean de Brienne, roi franc de Jérusalem.

Frédéric prépare le départ de la croisade, mais une épidémie le contraint à y surseoir. Grégoire IX, qui ne croit pas à sa bonne foi, l'excommunie.

Frédéric n'en réalise pas moins, l'année suivante, ce que l'histoire retiendra sous le nom de « Croisade des excommuniés », une expédition pacifique grâce à de nombreuses tractations diplomatiques. Les Lieux saints sont restitués à la Chrétienté. Frédéric s'est autoproclamé roi de Jérusalem dans l'Église du Saint-Sépulcre qui sera frappée d'interdit avec la ville de Jérusalem par le patriarche de Jérusalem sur ordre de Grégoire IX.

Rentré précipitamment en Italie en 1229, il chasse les troupes pontificales qui, dans l'intervalle, avaient envahi son royaume de Sicile. La popularité que lui vaut sa qualité de « Libérateur des Lieux saints » est telle qu'elle contraint Grégoire IX à mettre un terme à leur conflit par la deuxième paix de San Germano (1230). Mais cette entente ne durera pas.

Après avoir maté en Germanie la révolte de son fils Henri, roi de Germanie, condamné par jugement à Worms à la privation de tous ses biens et à la détention perpétuelle, Frédéric II entre en campagne contre les cités lombardes qui avaient soutenu Henri et encouragées par Grégoire IX. Il défait les armées de la Ligue lombarde à Cortenuevo (1237). Grégoire IX ne désarme pas. Il excommunie pour la deuxième fois Frédéric coupable d'avoir concédé la Corse et la Sardaigne à son cadet, Enzio, au mépris des droits de l'Église. La lutte du Sacerdoce et de l'Empire, dite « Guerre des deux Glaives », donne lieu à une polémique d'une rare violence, où s'opposent les encycliques pontificales qui formulent la doctrine théocratique et les libelles impériaux affirmant le pouvoir absolu de Frédéric II.

Le pape convoque tous les cardinaux à un concile destiné à déposer l'empereur, mais la flotte génoise qui amène les cardinaux à Rome est interceptée au large de la Sardaigne et les cardinaux incarcérés en Sicile ou à Bari. Au moment où Frédéric se déterminait à lancer l'assaut contre Rome, la mort subite de Grégoire IX (22 août 1241) l'arrête et lui fait licencier l'armée.

La vacance du Saint-Siège se prolonge pendant un an et huit mois avant que le conclave ne finisse par élire Innocent IV. Frédéric II tente de se le concilier avec l'appui de Louis IX, mais le pape réunit un concile à Lyon et y prononce son excommunication et sa déposition (1245).

Frédéric n'abandonne pas la lutte en dépit des menaces qui pèsent sur sa vie, des deux rivaux que le pape lui suscite en Germanie, et des combats qu'il doit livrer en Lombardie avec plus ou moins de succès. En 1248, il ne parvient pas à réduire Parme qu'il assiège. L'année suivante, les Bolonais capturent son fils Enzio (celui-ci devait demeurer en prison vingt-trois ans). Un autre malheur s'abat sur lui : la mort de son fils, Richard de Theate, auquel il avait confié le gouvernement de la Romagne, de la marche d'Ancône et du duché de Spolète.

Cependant sa fortune paraît se rétablir en Italie où les villes du Nord se rallient, l'une après l'autre, à l'ordre gibelin, et en Allemagne où son fils Conrad a vaincu Guillaume de Hollande, l'empereur que le pape y a imposé. Mais, en 1250, après avoir donné des signes d'épuisement dans le courant de l'été, il tombe gravement malade en septembre et meurt en décembre dans son château des Pouilles, au seuil de sa cinquante-septième année.

Selon ses dernières volontés, Conrad, le fils de Yolande de Brienne, hérite de l'empire et de la Sicile. Il est l'aîné des deux seuls fils légitimes qui lui restent, l'autre étant Charles-Othon, que lui a donné Isabelle d'Angleterre, la sœur d'Henri III, épousée en 1238 (il mourra en 1253, à l'âge de quinze ans). Les autres sont marqués du sceau de leur bâtardise, même s'il vient, à l'article de la mort, d'épouser Bianca-Lancia, la mère de l'un d'eux, son préféré, Manfred, auquel il a conféré, à dix ans, le titre de prince de Tarente, un titre qu'il lui confirme par testament en lui confiant, en l'absence de Conrad IV, le vicariat de l'Italie.

Frédéric II, qui, quelques mois avant sa mort, s'était vanté « de posséder une pléthore de fils », n'aura, dans un peu plus d'une décennie, même pas un petit-fils illégitime pour lui succéder. Il n'y aura même plus d'héritage à recueillir. Et, avec sa disparition, c'est le pouvoir impérial lui-même qui s'écroule dans l'anarchie, pour de longues années. Demeure le souvenir d'un grand empereur d'une intelligence rare, d'un raffinement extrême dans l'amour qu'il portait à la vie et aux plaisirs qu'elle lui prodiguait, mais aussi dans la cruauté qui accompagnait sa volonté de devenir le maître du monde. Dante l'a placé dans son *Enfer.*

CHRONOLOGIE DES CROISADES EN TERRE SAINTE

Prêchée en 1095 par le pape Urbain II, à l'appel de l'empereur byzantin menacé par la progression musulmane, l'expédition populaire conduite par Pierre l'Ermite est anéantie par les Bulgares et les Turcs.

Première croisade (1096-1099), dirigée par Godefroi de Bouillon, Raymond dc Saint-Gilles et Robert de Normandie. Création d'États latins dans les territoires reconquis (Jérusalem, Antioche, Édesse, Tripoli).

Deuxième croisade (1147-1149), prêchée par saint Bernard de Clairvaux, après la prise d'Édesse par l'émir de Mossoul, en 1144, et dirigée par l'empereur Conrad III de Hohenstaufen et le roi de France Louis VII. Défaites successives dues à la division des croisés.

1187 : Saladin, vizir de l'Égypte, reprend Jérusalem et constitue un État musulman Syrien Égyptien.

Troisième croisade (1189-1192), conduite par Frédéric Barberousse, Richard Cœur de Lion et Philippe Auguste. Les croisés prennent Chypre au passage, reprennent Saint-Jean-d'Acre et gagnent une bande côtière de Tyr à Jaffa. Constitution d'un traité avec Saladin qui renonce à éliminer les colonies franques de Syrie, garde Jérusalem mais y autorise les pèlerinages chrétiens.

Mort de Saladin en 1193

Quatrième croisade (1202-1204), prêchée par Innocent III. L'expédition, détournée de son but, s'arrête à Constantinople, prise en 1203 et pillée sans pitié en 1204 par les croisés. L'Empire byzantin s'exile à Nicée et se constitue un Empire latin d'Orient.

Cinquième croisade (1212-1221), prêchée par Honorius III et conduite par Jean de Brienne, roi de Jérusalem. Prise de Damiette en 1219, puis désastreuse campagne et restitution de Damiette aux Égyptiens.

Sixième croisade (1228-1229), « Croisade des excommuniés », dirigée par l'empereur Frédéric de Hohenstaufen excommunié par Innocent IV. Négociations entre l'empereur, grand admirateur de l'Islam, et le sultan d'Égypte, el-Khamil. Jérusalem, politiquement rendue aux Francs, reconnue Ville sainte pour les deux religions. Le Judée demeure musulmane en laissant aux pèlerins liberté de circulation vers les Lieux saints.

La croisade des barons (1239-1240)

« L'ancien royaume de Jérusalem devenait un royaume de la table ronde, une sorte de république féodale formée de petites seigneuries pratiquement autonomes [...] inquiet de l'affaiblissement qu'un tel régime comportait pour la syrie franque, le pape Grégoire IX fit appel à une nouvelle croisade. Sa voix fut entendue par la noblesse de France. [...] La simple présence de cette force franque eut, sans qu'il fut besoin de nouveaux combats, du seul fait des discordes entre Musulmans, les plus heureuses conséquences... » (René Grousset)

Confirmation des accords pris avec Frédéric II et rétrocession de la Galilée.

1244, chute de Jérusalem et destruction de l'armée franque par des bandes de Turcs Khwarizmiens.

Septième croisade (1248-1250), prêchée par Innocent IV. Expédition du roi Louis IX en Égypte. Prise de Damiette. Désastre de Mansourah. Capture du roi de France (1250). Libéré contre l'abandon de Damiette et le versement d'une rançon, Louis IX demeure en Syrie jusqu'en 1254 et met en état de défense les territoires conservés par les Francs.

1263, les Turcs menacent la Syrie franque.

Huitième croisade (1270). Louis IX meurt devant Tunis.
Édouard d'Angleterre, parti peu après, amène le sultan à accorder une trêve de dix ans aux chrétiens de Saint-Jean-d'Acre.

La croisade envisagée en 1274 par Grégoire X ne put être réalisée. Celle promulguée par Nicolas IV après la prise et les massacres de Tripoli par les Mamelouks (1289) entraîne la chute de Saint-Jean-d'Acre dans les mains des musulmans (1291). Les Francs quittent définitivement la Palestine.

CHRONOLOGIE

1234

Mariage et couronnement de Marguerite de Provence (mai).

Dernière guerre de Bretagne (juillet-août), soumission de Pierre Mauclerc (novembre).

Thibaud IV, comte de Champagne, devient roi de Navarre.

1235

Louis IX et Henri III concluent une trêve de 5 ans (août).

Dédicace de Royaumont.

1236

Mariage d'Henri III et d'Éléonore de Provence (janvier).

L'empereur de Constantinople, Baudouin II, à la cour de France.

1237

Adoubement de Robert d'Artois et mariage avec Mahaut de Brabant (juin).

1238

Mariage d'Alphonse de Poitiers et de Jeanne de Toulouse (mai).

Raimond Bérenger V lègue le comté de Provence à sa dernière fille, Béatrice.

1239

Mariage d'Alphonse le Neveu et de Mahaut de Boulogne.

Simon de Montfort le Jeune épouse Aliénor d'Angleterre, sœur d'Henri III.

Départ de la croisade des barons (juin).
Réception de la Couronne d'épines (11-18 août).
Hostilités en Provence du comte de Toulouse soutenu par l'empereur Frédéric II.

1240
Naissance de Blanche, fille de Marguerite de Provence (12 juillet).
Révolte en Languedoc. Siège et chute de Carcassonne (août-septembre).
Capitulation de Raimond de Trencavel (octobre).

1241
Remise à Alphonse de Poitiers de son apanage (juin).
Réconciliation Provence-Toulouse.
Mariage par procuration de Sanche de Provence et de Raymond VII de Toulouse à Aix (août).
Mort du pape Grégoire IX (22 août).
Préparation dans le sud-ouest de la dernière révolte du règne.
Rébellion d'Hugues de Lusignan (25 décembre).

1242
Naissance d'Isabelle, deuxième fille de Marguerite (mars).
Campagne du Poitou (avril-mai).
Débarquement d'Henri III à Royan (17 mai).
Meurtre des Inquisiteurs d'Avignonnet (mai).
Victoires de Taillebourg et de Saintes (21-22 juillet).
Soumission d'Hugues de Lusignan.
Révolte de Raymond VII de Toulouse (août).

1243
Paix de Lorris avec Raymond de Toulouse (janvier).
Trêve avec l'Angleterre (mars).
Élection d'Innocent IV (juin).
Négociations pour le mariage de Sanche de Provence et de Richard de Cornouailles.

1244
Naissance de Louis de France (25 février).
Chute et bûcher de Montségur (mars).
Innocent IV se réfugie à Lyon (juin).
Prise de Jérusalem par le sultan Saladin (août). Désastre de la Forbie (octobre).
Maladie du roi et vœu de croisade (décembre).

1245
Naissance du futur Philippe le Hardi (30 avril).
Concile de Lyon : excommunication et déposition de l'empereur Frédéric II (juin).
Mort de Raimond Bérenger. Béatrice comtesse de Provence (août).
Conférence de Cluny (novembre).
Charles d'Anjou en Provence.

1246
Mariage à Paris de Charles d'Anjou et de Béatrice de Provence (31 janvier).
Adoubement de Charles d'Anjou (mai).

1248
Mort de Jean, troisième fils de Marguerite, né en 1246 (mars).
Consécration de la Sainte-Chapelle (26 avril).
Départ pour la croisade (12 juin). Blanche de Castille régente de France.
Embarquement à Aigues-Mortes (28 août).
Débarquement à Chypre (17 septembre).

1249
Départ de Chypre (30 mai).
Débarquement et prise de Damiette (5 juin).
Mort de Raymond VII, comte de Toulouse.
Arrivée à Damiette d'Alphonse de Poitiers et de Jeanne, comtesse de Toulouse (octobre).

1250
Bataille de Mansourah (9 février). Mort de Robert d'Artois.
Retraite vers Damiette. Capture du roi (7 avril). Écrasement de l'armée.
Naissance à Damiette de Jean-Tristan.
Libération du roi (6 mai).
Marguerite de Provence quitte Damiette rendue aux Égyptiens.
Départ des croisés pour Saint-Jean-d'Acre (8 mai).
Conseils tenus à Acre. Le roi décide de rester en Terre sainte pour assurer sa défense (3 juillet).
Mort de Frédéric II (décembre). Son fils légitime Conrad hérite de l'Empire et de la Sicile.

1251
Naissance à Acre de Pierre, quatrième fils de Marguerite de Provence.

1252
Naissance à Jaffa de sa seconde fille, Blanche.
Mort de Blanche de Castille (fin novembre).

1254

Fin des travaux de fortification de la Syrie franque et conclusion d'une trêve avec Damas et Alep (février).
Embarquement pour la France du roi et de la famille royale (avril).
Débarquement à Hyères (10 juillet).
Arrivée du roi à Paris où la reine l'a précédé (7 septembre).
Grande Ordonnance pour la réforme du royaume (décembre).
Réunion à Paris des familles royales française et anglaise.
Mort de Conrad de Hohenstaufen, héritier du royaume de Naples-Sicile (mai).
Élection d'Alexandre IV.

1255

Mariage d'Isabelle de France et de Thibaud V, comte de Champagne et roi de Navarre.

1256

Réconciliation de Charles d'Anjou et de Béatrix de Provence (novembre).

1257

Élection de Richard de Cornouailles comme roi des Romains (31 janvier).

1258

Traité de Corbeil avec le roi d'Aragon (11 mai). Fiançailles de Philippe, second fils de Louis IX, et d'Isabelle d'Aragon.
Traité avec l'Angleterre (28 mai). « Provisions d'Oxford » (juin).
Manfred se fait couronner roi de Sicile (août).

1259

Ratification du traité de Paris. Henri III rend hommage au roi de France (4 décembre).

1260

Mort du prince Louis (janvier).

1261

Guerre des barons anglais contre Henri III.
Prise de Constantinople (15 août).
Élection du pape Urbain IV (29 août).
Mort de Sanche de Provence (novembre).

1262

Mariage du prince Philippe (futur Philippe III le Hardi) avec Isabelle d'Aragon (25 juin).

1263
Attaque de la Syrie franque.
Urbain IV offre le royaume de Naples-Sicile à Charles d'Anjou.

1264
Louis IX arbitre à Amiens le conflit d'Henri III et des barons anglais (janvier).
Révolte à Londres.

1265
Élection de Clément IV (février).
Mariage de Jean-Tristan, comte de Nevers, avec et Yolande de Bourgogne.
Investiture du royaume de Sicile et de Naples à Charles d'Anjou.
Bataille d'Eversham et mort de Simon de Montfort (4 août).

1266
Conquête du royaume de Sicile. Bataille de Bénévent et mort de Manfred (février).

1267
Louis IX reprend la croix (25 mars).
Adoubement de Philippe (juin).
Morts de Béatrice de Provence (octobre) et de Béatrix de Savoie (décembre).

1268
Naissance du futur Philippe IV le Bel (mai).
Mort de Clément IV et début du Grand Interrègne pontifical (novembre).

1269
Mariage de Blanche, fille de Marguerite de Provence, avec Ferdinand de Castille.

1270
Mort d'Isabelle de France, sœur de Louis IX.
Mariage de Marguerite de France avec Jean, duc de Brabant.
Départ pour la croisade (15 mars). Embarquement à Aigues-Mortes (1er juillet).
Débarquement à la Goulette (17 juillet).
Mort de Jean-Tristan (3 août).
Mort du roi Louis (25 août).
Rembarquement de l'armée (11 novembre).
Mort en Sicile d'Isabelle de France, fille de Louis IX, et de son époux, Thibaud, comte de Champagne, roi de Navarre.

1271

Mort en Calabre d'Isabelle d'Aragon, épouse du roi Philippe III (janvier).

Ensevelissement de Louix IX à Saint-Denis (mai).

Couronnement de Philippe III le Hardi (15 août).

Mort en Toscane d'Alphonse de Poitiers et de Jeanne de Toulouse.

Mort de Marguerite de France, épouse de Jean de Brabant.

1272

Mort de Richard de Cornouailles (avril).

Mort d'Henri III Plantagenêt, avènement d'Édouard Ier (novembre).

1273

Édouard Ier à Paris, au retour de Terre sainte, traite avec Philippe III (août).

Mort d'Henri, comte de Champagne et roi de Navarre (juillet).

Troubles en Navarre.

1274

Élection impériale de Rodolphe de Habsbourg soutenue par le pape Grégoire X.

Remariage de Philippe III avec Marie de Brabant, sœur du duc de Brabant (21 août).

1275

Traité d'Orléans avec Blanche d'Artois, régente de Navarre ; fiançailles de Jeanne, héritière de la Navarre, et de Philippe, fils cadet du roi de France.

Mort de Ferdinand de la Cerda, héritier présomptif contesté de la Castille.

Retour en France de sa veuve, Blanche de France, sans ses enfants retenus en Castille.

1276

Mort de Louis, fils aîné de Philippe III (mai).

Pierre III d'Aragon succède à son père Jacques Ier.

1277

L'expédition de Philippe III contre le roi Alphonse X de Castille s'arrête à Sauveterre (novembre).

1278

Emprisonnement et exécution du conseiller Pierre de Brosse (janvier).

1279

Philippe III et Édouard Ier ratifient à Amiens le traité de Paris de 1258.

1280-1281

Le retournement de la politique impériale en faveur de Charles d'Anjou investi de la Provence.

Philippe III soutient les revendications de Marguerite de Provence et de sa sœur au sujet du comté.
Réunion de Mâcon (septembre) des partisans de Marguerite de Provence.

1282
Vêpres siciliennes (30 mars). Les Angevins abandonnent la Sicile (avril).
Débarquement à Trapani du roi d'Aragon, époux de Constance de Souabe, héritière des Hohenstaufen, et sa proclamation comme roi de Sicile (août).
Pierre III d'Aragon envahit le sud de la Calabre.

1283
Le pape Martin IV excommunie Pierre III et offre l'Aragon à Philippe III pour son fils Charles de Valois.

1284
Le prince de Salerne, fils de Charles d'Anjou, captif des Aragonais (juin).
Mariage de Philippe (futur Philippe le Bel) avec Jeanne de Champagne, reine de Navarre (16 août).
Mort du roi de Castille, Alphonse X. Son fils Sanche, quoique déshérité, lui succède.

1285
Mort de Charles d'Anjou (janvier).
Mort de Martin IV (Pâques).
Départ de la croisade d'Aragon (mars), offensive en Catalogne (juin).
Siège et résistance de Gérone (juillet-août). Retraite de l'armée royale (septembre).
Mort de Philippe III le Hardi à Perpignan (5 octobre). Avènement de Philippe IV le Bel.
Mort de Pierre III (10 octobre).
Funérailles de Philippe III (6 décembre).

1286
Sacre de Philippe le Bel à Reims (6 janvier).
Séjour du roi d'Angleterre à la cour de France. Ratification des traités.
Négociations à Bordeaux en vue de la paix générale, sous l'égide du roi d'Angleterre. (décembre). Libération de Charles II d'Anjou captif en Aragon.
Le roi de France traite avec Sanche de Castille et abandonne la cause des enfants de sa sœur.

1289

Conflits entre marins normands et bayonnais.

Mort d'Éléonore d'Angleterre (juin).

1291

Charles de Valois renonce à son titre de roi d'Aragon, Charles II à la Sicile, mais conserve le royaume de Naples et la Provence.

1292

Édouard Ier reprend la maîtrise de la mer. Prémices d'une guerre franco-anglaise en 1293 en Guyenne.

1295

Mort de Marguerite de Provence (30 décembre).

TABLEAUX GÉNÉALOGIQUES

Marguerite de Provence, sa famille capétienne

Philippe Auguste 1165-1223
ép 1 Isabelle de Flandre-Hainaut, comtesse d'Artois — 2 Ingeburg de Danemark — 3 Agnes de Méranie

Louis VIII le Lion 1187-1226
ép **Blanche de Castille** 1188-1252

Philippe Hurepel 1234
ép Mahaut de Boulogne

Louis IX (Saint Louis) 1214-1270
ép en 1234
Marguerite de Provence v. 1221-1295

Robert 1216-1250
comte d'Artois
ép Mahaut de Brabant

Alphonse 1220-1271
comte de Poitiers
ép Jeanne de Toulouse

Isabelle 1224-1271

Charles 1226-1286
comte d'Anjou
ép Béatrice de Provence

Robert II
comte d'Artois

Blanche ép 1 Henri roi de Navarre — 2 Edmond comte de Lancastre

Jeanne, reine de Navarre ép Philippe le Bel

Charles II
comte de Provence
roi de Sicile

Blanche
1240-1243

Isabelle
1242-1271
ép en 1255
Thibaut
roi de Navarre

Louis
1244-1260

Philippe III
Le Hardi
1245-1285

Jean
1247-1248

Jean Tristan
1250-1270
comte de Nevers
ép en 1265
Yolande de
Bourgogne

Pierre
1251-1284
comte d'Alençon
ép en 1272
Jeanne de
Châtillon

Blanche
1253-1320
ép en 1269
Ferdinand
de la Cerda
3 enfants

Marguerite
1254-1271
ép en 1270
Jean Ier
duc de Brabant

Robert
1256-1317
comte de Clermont
ép en 1272
Béatrice de
Bourbon
6 enfants

Agnès
1258-1325
ép en 1279
Robert II
duc de
Bourgogne
8 enfants

ép 1 en 1262 Isabelle d'Aragon 1243-1271

Louis
1263-1276

Philippe IV le Bel
1268-1314
ép Jeanne de Navarre
fille de Blanche d'Artois

Charles
1270-1325 comte de Valois
ép Marguerite d'Anjou-Sicile
fille de Charles II
Philippe VI 1293-1350

Louis X le Hutin
1289-1314

Isabelle
1292-1368

Philippe V
v. 1293-1316

Charles IV
1294-1328

2 en 1274 Marie de Brabant 1260-1321

Louis
1276-1325
comte d'Evreux
ép Béatrice
fille de Robert de Clermont

Marguerite
1280-1318
ép Edouard Ier
roi d'Angleterre

Blanche
1281-1305
ép Rodolphe III
d'Autriche

Parmi ses nombreux arrière-petits-enfants, Marguerite de Provence aura vu naître, avant sa mort en 1295, quatre futurs rois de France et une future reine d'Angleterre.

Toulouse, Provence et Aragon

Xe siècle : terre d'Empire, la Provence est confiée en indivision à deux frères, comtes d'Arles et d'Avignon : Roubaud et Guillaume le Libérateur (surnommé ainsi après l'extermination des Sarrasins).
Le partage de la Provence s'effectuera en 1127 entre Raimond Béranger Ier et Alphonse Jourdain, comte de Toulouse pour mettre fin à leurs incessants conflits, mais la paix entre Toulouse et Provence ne cessera d'être compromise.

Roubaud -- Guillaume le Libérateur

Amodis
ép 1 Guy de Lusignan 2 Pons comte de Toulouse 3 Raimond Bérenger comte de Barcelone

Geoffroy
Gersende
Douce

Alix
Guillaume IV
comte de Forcalquier

Raymond Saint-Gilles
comte de Toulouse
1093-1106

Raimond Bérenger Ier
le Grand
comte de Barcelone
comte de Provence
1112-1131
ép en 1112 Douce

Alphonse Jourdain
comte de Toulouse
1106-1148
marquis de Provence

Raimond Bérenger II
comte de Barcelone
comte de Provence
1131-1162
ép Pétronille, reine d'Aragon

Bérenger Raimond III
neveu de Douce
comte de Provence
1162-1166
ép la fille de Frédéric Barberousse

Raymond V
comte de Toulouse
1148-1194
marquis de Provence
ép 2 la veuve de
Raimond Bérenger III,
abandonne l'héritage à
Alphonse Ier d'Aragon

Sanche

Alphonse Ier
roi d'Aragon
1162-1196
délègue le comté à

Peire
dit
Raimond Bérenger IV
1166-1181

Sanche

Pierre II
roi d'Aragon
1196-1213

Alphonse II
comte de Provence
1196-1209
ép en 1195 Gersande de Sabran
comtesse de
Forcalquier

Raymond VI
comte de Toulouse
1194-1212
marquis de Provence
ép Alienor d'Angleterre

Raymond VII
comte de Toulousc
1212-1249
ép Sanche d'Aragon

Raimond Bérenger V
comte de Provence
et de Forcalquier
1209-1248
ép Béatrix de Savoic

Béatrice
comtesse de Provence
et de Forcalquier
1248-1267
ép Charles comte d'Anjou

Charles II
comte de Provence
1285-1309

Les dates sont celles des règnes.

L'Angleterre-France-Castille-Provence et Toulouse

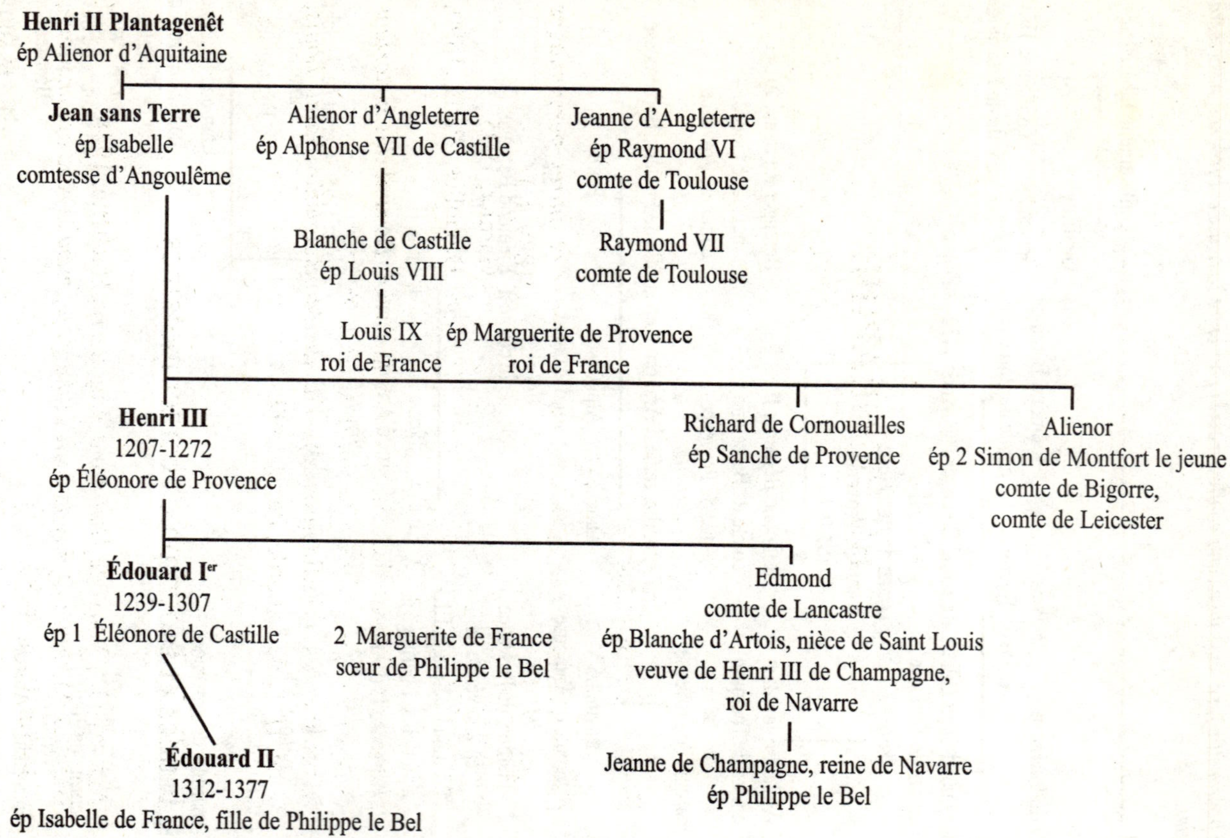

BIBLIOGRAPHIE

Sources imprimées

CHAMPOLLION-FIGEAC, *Lettres des rois, reines et autres personnages des cours de France et d'Angleterre*, Paris, 1839, t. I.

JOINVILLE, *Histoire de Saint Louis*, Classiques Garnier, 1995.

MATHIEU, *Chronica majora*, éd. A. Huillard-Breholles, Paris, 1890, 8 vol.

NANGIS (Guillaume de), *Gesta sancti Ludovici. Recueil des historiens de France*, t. XX – *Gesta Philippe III*, t. X.

SAINT-PATHUS (Guillaume de), *Vie de Monseigneur Saint Louis*, éd. H.-F. de Laborde, Paris, 1899.

Études et biographies contemporaines

ALLARY (J.), *Nouvelle Histoire d'Angleterre*, Hachette, 1948.

BENOIST-MÉCHIN (J.), *Frédéric de Hohenstaufen ou le rêve excommunié*, Perrin, Paris, 1983.

BOURASSIN (E.), *La Cour du roi de France à l'époque féodale*, Perrin, Paris, 1983.

BOUTARIC (E.), « *Marguerite de Provence, son caractère, son rôle politique* », *Revue des questions historiques*, t. III, 1887.

BUSQUET (R.), *Histoire de Provence*, Monaco, 1954.
DUBY (G.), *Le chevalier, la femme et le prêtre*, Paris, 1981.
FARAL (E.), *La vie quotidienne au temps de Saint Louis*, Hachette, Paris, 1938.
FAVIER (J.), *Philippe le Bel*, Fayard, Paris, 1978.
GOYAU (G.), *Saint Louis, Louis de Poissy, Louis de France*, Plon, 1928.
GROUSSET (R.), *Histoire des Croisades et du royaume franc de Jérusalem*, t. III, Perrin, 1991.
— *L'épopée des Croisades*, Perrin, 1939.
HEERS (J.), *Chute et mort de Constantinople*, Perrin, 1955.
LANGLOIS (Ch.-V.), *Le règne de Philippe III le Hardi*, Hachette, 1887.
LÉONARD (É.-G.), *Les Angevins de Naples*, Presses Universitaires de France, 1954.
LEVRON (J.), *Saint Louis ou l'apogée du Moyen Âge*, 1969.
PERNOUD (R.), *La Femme au temps des cathédrales*, 1983.
— *La reine Blanche*, Albin Michel, 1972.
PETIT-DUTAILLIS (Ch.), *La Monarchie féodale en France et en Angleterre, Xe-XIIIe siècle*, Albin Michel, 1933.
RICHARD (J.), *Saint Louis*, Fayard, 1983.
SIVERY (G.), *Saint Louis et son siècle*, Tallandier, 1983.
— *Marguerite de Provence, une reine au temps des cathédrales*, Fayard, 1987.
— *Louis IX. Le roi saint*, Tallandier, 2002.
— *Philippe III le Hardi*, Fayard, 2003.

TABLE DES MATIÈRES

PREMIÈRE PARTIE : 1234-1245

DEUXIÈME PARTIE : 1248-1254

TROISIÈME PARTIE : 1254-1270

QUATRIÈME PARTIE : 1271-1295

ANNEXES

CET OUVRAGE
A ÉTÉ ACHEVÉ D'IMPRIMER
SUR ROTO-PAGE
PAR L'IMPRIMERIE FLOCH
À MAYENNE EN AOÛT 2006

N° d'éd. L01EUCNFD0827N001. N° d'impr. 66347.
D. L. : septembre 2006.
Imprimé en France